コミュニティと教育

コミュニティと教育（'24）

©2024　仲田康一・大木真徳

装丁デザイン：牧野剛士
本文デザイン：畑中　猛

s-34

# まえがき

　本書は、「コミュニティと教育」と題して、地域社会を基盤とする学校教育・社会教育の在り方、そしてそれらを通じたコミュニティ形成について、政策や実践の展開を取り上げながら論じていくものである。

　「コミュニティと教育」という問題がクローズアップされてきた背景として、教育外の要因は無視できない。人口減少に伴う地域社会の維持、都市部での社会的紐帯の形成、災害時における協働体制の構築などという社会的な「必要性」を背景に、コミュニティの重要性が叫ばれている。また、行政改革に起因して自律的な地域社会の運営が求められており、その実現のために教育機関と地域社会との連携が不可欠なものとなっている。こうした動向は教育領域でも例外ではない。

　しかし同時に、教育そのものが、信頼に基づいた継続的なコミュニケーションのなかで営まれるのであり、教育とコミュニティとの間には、本質的・内在的な不可分性がある。社会の変化や人間関係の変化を背景に、教育とかかわる様々なコミュニティを（再）形成しようとする動きが全国的に取り組まれているのはそのためであろう。もちろん、コミュニティ形成といっても、たとえば、伝統社会の農村共同体といったものの再生を目指すことは現実的ではない。対等な関係の成員が構成する中間集団を、持続可能かつ権利実現に資する形でいかに構築するかが問われている。

　本書では、まずは地域社会を基盤とする教育・学習の諸相を取り上げ、地域社会と教育とが相関しながら取り組まれるコミュニティ形成の展開を明らかにする。そこでは、学校教育・社会教育を中心としつつ、地域における人の育ちを支える福祉的な協働も視野に入れる。またさらに、

地域的な共通性というよりも、切実な問題を共有することでつながる越境的な教育的コミュニティも重要であり、フリースクールや親の会などを例に取り上げる。「コミュニティと教育」は、教育の様々な問題群に横串を通すようなトピックであり、これを学ぶことで、教育や社会についての一段深い思考につながる契機になれば幸いである。

　本書の企画がスタートしたのは2021年、脱稿は2023年2月であった。ここから分かるように、本書の執筆は、新型コロナウィルス感染症による社会活動の制約と隣合わせであり、執筆者間の打ち合わせは、全てオンライン会議システムによるものだった。執筆者間には一定の人間関係があり、「呼吸」がわかっているからこそ何とか完成にこぎつけられたというのが本音である。ただ、対面での意見交換がなされていれば、もう少し違ったものになったかもしれないとも感じる。

　ポストコロナを見据えるタイミングで出版される本書が、今後訪れる社会の変化にどこまで対応できたものとなっているかは未知数である。特にこの間の情報通信技術の発展は、いっそう多様なコミュニティの生成をもたらしうるし、対面集合形式によるコミュニケーションの意味を問い直してもいる。あえて対面集合するからこそ得られることは何か。対面だけ・オンラインだけでは実現しないことは何か。いまさらながらだが、対面とオンラインとはあれかこれかの背反関係にはない。本書に記された政策や実践が、情報通信技術のさらなる進展のなかでいかに展開していくか、読者それぞれにおいて注視してもらいたい。

　最後になるが、本書では様々な実践事例を取り上げている。掲載を許可してくださった全ての関係者の皆様に、深く御礼申し上げる。また、担当編集者の香原ちさと氏にも多くの労をとっていただいた。記して感謝する。

2023年10月　仲田康一

# 目 次

# 1 │ コミュニティと教育をいかに捉えるか

仲田康一

《**目標＆ポイント**》「コミュニティ」という概念の意味内容をたどりながら、アソシエーション、地域社会等の類似用語との異同や、「運命のコミュニティ」「新しいコミュニティ」、「ローカル・コミュニティ」「テーマ・コミュニティ」といった対比を踏まえて、教育におけるコミュニティの諸相を理解する。また、コミュニティと教育というときに考えるべき問題がどのようなものか理解する。
《**キーワード**》 コミュニティ、地域社会、アソシエーション、ガバナンス、ローカル・コミュニティ、テーマ・コミュニティ

## 1. コミュニティとはいかなるものか

### （1）コミュニティの基本的な意味

　コミュニティという言葉はしばしば耳にするものである。本の題名に使われることもあるし、政策の用語として出てくることもある。にもかかわらず、「『コミュニティ』という言葉ないし概念についての理解や定義は多様」（広井，2009：11）と指摘されるように、その意味範囲は必ずしも確定的ではない。文脈や、論者の意図によって、同じ言葉に異なる意味やニュアンスが伴うこともある。

　そこで、本書を始めるにあたって、コミュニティについて、まずはおおよその理解をつかむことにしたい。

　コミュニティという概念について出発点にしたいのは、それが、本来は、近代以前の共同体という意味で用いられる言葉であったとする理解

である（一例として、玉野，2012：460）。

　そこでいうコミュニティは、まず、「共同性」によって特徴づけられる。テンニースのゲマインシャフト（共同社会）に該当する概念であり、血縁・地縁等に由来するとともに、共同生活に基づく緊密な集団を意味する。日本語においては「共同体」あるいは「共同態」と訳されるべき概念として捉えることができる。

　コミュニティに対応する日本語として、もうひとつ挙げられるのは、「地域」という言葉である。これは、一定の領域性を有した地理的範囲であり、基本的には、居住地域などのように、一定の関係性を共有する「近隣社会」「地域圏」等を指すことが多い。

　「共同性」と「地域性」というコミュニティにまつわる2つの性格は、近代以前の村落共同体において、相互に一体ないし不可分なものとして存在していた。人々は、そのようなコミュニティのなかで完結する生活を生涯にわたって過ごしていたからである。生活にかかわる関心や利害が共通するところから、そこに属する人々の間には一体感が生起し、ある種の運命のような共属感情を伴うものでもあった。「地域性や共同性を有し、社会的相互作用が存在する人々の集まりをコミュニティと呼ぶようになったと考えられ」（玉野，2012：460）、そのような従来のコミュニティは「運命のコミュニティ」（田尾，2011：67）という特質を帯びるものであった。

## （2）現代におけるコミュニティ概念の広がり

　だが、現代の社会において「コミュニティ」と称される集団は、必ずしもこのような理解に当てはまるものばかりではない。

　一例として、政策用語としての「コミュニティ」がある。1970年代のコミュニティ政策以降、様々な政策分野でコミュニティという言葉が

用いられてきたが（第2章を参照）、そこでいうコミュニティは、自治
省の「コミュニティ（近隣社会）に関する対策要綱」が、おおよそ小学
校の通学区域程度の範囲をコミュニティと呼んでいるように、「『地域社
会』とほぼ同義」（荻野，2021：2）でありつつ、そのなかにおいて人々
の近隣関係を作ろうとするものであった。これは言い換えれば、近隣地
域社会における人間関係が希薄であるとの問題意識があることの裏返し
であり、現代の地域社会において共同性と地域性が必ずしも両立するわ
けではないという実態を示している。

　別の例として、インターネット上でのコミュニティ、あるいはNPO・結
社・自助グループのように、特定の地域に限定されない広がりを持つも
のをコミュニティと呼ぶこともある。これらの場合においても、共同性
と地域性は両立していない。すなわち一定の共同性（関心や問題状況の
共有）を持ちつつ、地域的なつながりは薄いものである。こうしたもの
をコミュニティと呼ぶことについて、コミュニティとアソシエーション
を対比する見解からすればやや違和感があるかもしれない。なぜなら、
この対比構造においては、前者は自然発生的な基礎集団を意味し、後者
は目的追求のために形成される機能集団とされるからである。

　しかし、田尾は、何かを達成するために選択的に集い、また退出する
ことも可能な市民社会における「新しいコミュニティ」（田尾，2011：
68）を、「アソシエーションに近似」（田尾，2011：69）したものとして
整理している。これは、不自然なことではない。考えてみれば、しばし
ば耳にする「国際社会」という言葉は、英語にするとインターナショナ
ル・コミュニティとなる。国際社会といえば、特定の問題について共通
の視点や意見を持つ国々であり、必ずしも地域的な共通性を持つとは限
らないうえに、問題や利害によってその構成国の組み換えがなされるわ
けだが、それでもコミュニティというのである。齋藤も、コミュニティ

について「『アソシエーション』（人々の自発的意思に基づく結社）の意味を含んでいる」（齋藤，2011：22）としている。このように、コミュニティという語の用法がアソシエーション的なものを含むところまで広がっているということを理解すべきであろう。

　なお、コミュニティをローカル・コミュニティと、テーマ・コミュニティとして区分する考え方もある。前者のローカル・コミュニティは、地域的な共通性において成立するもので、その規模は、近隣組織、小学校区、郡、市町村、都道府県など、様々な範囲で想定できる。他方、後者のテーマ・コミュニティは、関心や問題意識によって、地域性を問わずに成立するコミュニティである。

　こうした区分は、先に触れた「運命のコミュニティ」・「新しいコミュニティ」とも重なる概念整理であるが、重要なのはローカル・コミュニティとテーマ・コミュニティとは排他的なものではないということである。前者のローカル・コミュニティにしても、様々な規模のものが重層的に存在しうるし、後者のテーマ・コミュニティについても、それが特定のローカル・コミュニティのなかに成立することもあれば、地域をまたいで生まれることもある。さらには、地域的な共通性を基盤の上に成立したローカル・コミュニティであっても、特定の課題解決に焦点を当てたテーマ・コミュニティの性格を同時に帯びることも想定できる。こうしたことは常に念頭に置かれるべきだろう。

### （3）コミュニティの特性

　以上をまとめれば、現代の「コミュニティ」は、実態的には「個人と国家（政治的共同体）の間に位置する中間集団」（齋藤，2011：22）といったものとして理解することが、ひとまずは適当であることになる。

　しかし、その中間集団を「組織」「集団」「ネットワーク」等と呼ばず、

ほかならぬ「コミュニティ」と呼ぶときに、どのような含意があるのだろうか。

　ひとつには、コミュニティという概念は、特定の集団の特性を記述するための概念というだけでなく、様々な期待や願望が投影されている規範概念に近いということがある。コミュニティというとき、そのなかでの人々の相互関係は、相互承認などの感情的な面も含めた「固有の非道具的側面」（田尾，2011：69）、つまりそれ自体としての価値を持つ。それはたとえば、帰属、居場所といった要素であり、その関係ゆえに、その存在がそのものとしての価値を持つと考えられるのである。また、コミュニティという概念は、現在ないもの、現在失われているもの、それゆえ今後の構築が目指されるべきものであるという規範的価値を託されることも多い。コミュニティが論じられるとき、「コミュニティそのものというより、それをいかに再生するか」が語られている（齋藤，2011：17）という指摘は、これを端的に示している。

　このような指摘を踏まえて考えると、コミュニティとは、何らかの価値あるものを共有し、成員の間で、信頼に基づいた、継続的なコミュニケーションが成り立つ集団であり、その集団そのものに価値が感じられ、作り上げられたり維持されようとする規範性を帯びた中間集団、といった形で定義が可能だろう。

　ただ、とりわけ（教育）政策におけるコミュニティは、先述の荻野の指摘のように「地域社会」とほぼ同義である。本書における考察対象も、「地域社会」にその重点が置かれることを了解されたい。そのうえで、「地域社会におけるコミュニティ形成」などのように、必要に応じた限定を行うとともに、単に一定の圏域を示す場合は「地域社会」単独や、「学校周辺の地域」等の表現を用いることにする。

　率直にいって、コミュニティという規範性を帯びた概念をキーワード

とすることには躊躇もある。だが、次節で述べるように、学校教育や社会教育などの教育政策の諸領域においてコミュニティ形成が試みられ、また、市民社会の諸局面のなかでもコミュニティ形成が試みられていることを前提に、その規範性をときには相対的に見ながら、しかし、本書のキーワードとして用いる。

## 2. コミュニティが希求される背景とその論点

### （1）コミュニティが希求される背景

　先に、コミュニティという概念が一定の規範性を有することがあり、その「創造」あるいは「再生」が語られることが多いことを指摘した。

　そのようなコミュニティへの関心の高まりの背景について、齋藤は次のように整理している（齋藤，2011：18-21）。

　まず、「市場と国家への不信」がある。グローバル化による制御不能な市場の下、労働条件や生活基盤の不安定化が切実になる一方、本来なら市場による分配の歪みを是正するべき行政による再配分の後退も顕著である。そうしたなかで、直面する問題の解決を、政府や市場に任せるのではなく、自分たちで解決しようとする機運が醸成される。そして、なおも当事者として関与しうる具体的なものとして、身近なレベルでのコミュニティ形成が求められているという。

　また、「自己責任」圧力が強まる現代社会を生きる諸個人が、その重みを担いきれないものとして実感し始めていることがある。孤立した境遇に生きることを余儀なくされる人々が、相互の配慮が期待できるものとしてコミュニティに関心を高めているという。こうしたなか、成長・競争に定位するような生の様式が相対化され、そこに安心して身を置くことのできるような関係を希求する流れが強まり、コミュニティが「現状と将来に不満や不安をいだく人々の過剰ともいえる期待」（齋藤，

2011：21）を集めるのである。

　先述したようにコミュニティが「個人と国家（政治的共同体）の間に位置する中間集団」（再掲）であるとすれば、それを構築しようとする議論は、一元的で中央集権的な統治に対して1970年代以降各地で進展した住民参加の試み、さらには、1990年代後半の分権改革で本格化した、分権的・協働的行政を志向する動きとの接続においても捉えられる。さらに、市町村合併後の自治体広域化のなかで、より住民に近いところでの行政活動単位としてコミュニティ形成が志向されることもある。このように、政治・行政的な観点からコミュニティ論を把握する視点も重要である。

## （2）教育におけるコミュニティ

　以上は、社会一般でのコミュニティをめぐる状況の描写であったが、教育においてコミュニティに注目が集まる背景にはどのようなことがあるだろうか。

　第1に教育・学習とコミュニティの間の本質的な関係性については指摘しておくべきだろう。というのも、従来、家族・学校等の密な相互関係のなかで、子どものケア・学習は遂行されてきたからである。大人になってからの学び、たとえば、社会教育・生涯学習や、企業内教育、さらには、社会のあらゆる場所で行われる学びは、フォーマル／インフォーマル（あるいはノンフォーマル）いずれであれ、自己形成と仲間づくりが一体となって進められることが多い。このように、教育・学習は、本質的に何らかのコミュニティを必要とするのである。

　第2に、「市場と国家への不信」が教育分野でどのように位置づけられるかも検討しておきたい。日本において、特に義務教育は、各地方公共団体によって担われ、地方分権を原則としつつも、しかし、学習指導

要領をもとにした学校の競争と偏差値による序列化もあり、中央集権的で標準的な性格を持っていたといわれる。その価値観は家庭や地域にもおよぶ傾向にあり、それが人々の十全な育ちにとっての問題であるとの認識も高まってきた（佐藤，2002：54-55）。

このように、国家（またそれに連なる地方行政）を相対化する議論・運動が進展するなかで、教育への市場原理の導入といった「マーケット・ソリューション」（金子，2002）という解決法<sup>ソリューション</sup>に注目が集まることもある。これらは、公立学校選択制、社会教育施設の運営委託のように、市場原理を導入した教育改革として進展してきた。しかし、教育においては、それをすべて市場に委ねることには根強い批判がある（村上・橋野，2020）。このような、政府による問題解決である「ヒエラルキー・ソリューション」と、市場による「マーケット・ソリューション」の限界認識のなかで登場し、期待を集めるのが、「コミュニティ・ソリューション」である（金子，2002）。何らかの課題にかかわる当事者が積極的にコミュニティを形成し、問題の焦点化や知見の交流、役割の分担などをはたしつつ、問題を解決していくという方向性である。

「コミュニティ・ソリューション」は、「ガバメント」から「教育ガバナンス」へ（小松，2016）という力点の変化と深い関連性を有する。ガバメント、すなわち政府に対し、ガバナンスは協治などと呼ばれる。ガバナンスにおいては、意思決定を共同的に行うとともに、そのサービス提供も協働的に行うことを含意する。教育をめぐる様々な課題を公の提供する教育のみにおいて解決することが困難であるとの認識の高まり、さらには1990年代後半から本格化した教育の分権改革を背景に、教育の統治様式を、ガバナンスとして捉える見方が高まってきたのである。コミュニティ、すなわち個人と国家の間に位置する中間集団を、地域社会の各所に構築し、コミュニティにおけるガバナンスを活性化しようと

することが、コミュニティ・ソリューションであるということになる。

　第3に地域社会が、子どもや住民にとっての「無意図的、偶発的な生活体験の場と機会」（夏秋, 2018：25）であることの意味も大きい。子どもや大人が、身近な地域社会のなかで、人間関係を形成することはそれ自体の価値があると考えられる。また、さらに、多様な主体との交流のなかで、学校の教科学習のような意図的・計画的に提供される教育を超えた、より創造的な学習の過程・環境が実現すると考えることもできる。地域社会との協治によるガバナンス型の統治が、教育の革新と整合的であるとの指摘もある通りである（大桃, 2021。第6章も参照）。

## 3.　コミュニティと教育をめぐる論点と本書の内容

### （1）教育におけるコミュニティがいかにして作られるのか

　さて、本書では、教育とコミュニティの諸問題を扱うが、その際の基本的な問題について、いくつか触れておきたい。ここで述べる課題認識を通底させながら、本書の各章が構成されていく。

　ひとつは、そうしたコミュニティがいかにしてに作られるのかという問題である。学校、社会教育施設、地域社会、インフォーマル・ノンフォーマルな学習場面などにおいて、共同性の構築が日々試みられ、そのこと自体が学習プロセスにもなっている。本書で特に注目するのは、第1に、政策である。先述の通り、日本では1970年代以降、様々な分野でコミュニティをキーワードとする政策が展開されている（第2章）。ここでいう「政策」は、政府が行う「問題解決」のための手法の総体であり、多くは法制度に依拠しながら、ガイドラインや情報の提供、機関の設置、予算の配分、義務づけなどを行うことを指す。政策において、どのようにコミュニティに関する「問題」が定義され、その問題に対してどのような「解決」方向が示されているのかを把握する必要がある。第

2に学校や社会教育施設、そこで働く職員・支援者、地域住民・団体といった、主として地域社会における主体に着目し、そのような主体がいかなる形でコミュニティ形成に関与しているか論じる（特に第3・4章、第9章から第11章）。

## （2）教育におけるコミュニティの内実の問題

　次に、教育におけるコミュニティの内実について検討する必要がある。

　ひとつは、コミュニティ形成を通じて取り組まれる活動内容への注目である。たとえば、少子化によって困難になりがちな地域文化の継承、あるいは、地域社会の産業・自然・文化を生かした学びの拡張などが、社会教育・学校教育の領域で進められている。第5・6章では学校教育から、第12章では社会教育の側面から、これについて論じる。また別の例として、特に子どもの貧困や、外国ルーツの家庭の増加のなかで、教育・福祉の連携による人称的支援が進展し、独自のコミュニティが形成されている。第13章において、これらの動向を紹介、分析する。

　もうひとつ、コミュニティの内部構造やそこにおける共同的意志形成という点についても取り扱う。いかなる小さな集団であっても、そこには利害関心や価値観の対立・相克が存在しうる。だからこそ、コミュニティにおいても多様な意志を調整する回路が必要とされる。他方、現実としては、同調圧力が作用しやすい空間がコミュニティであることも事実である。「集団が内側に向かって閉じる」（広井，2006）なかで、「対内的な関係における抑圧や排除の問題」（齋藤，2011：33）が生じる可能性は常に存在しているといえよう。ますます多様性を高める現代にあって、同じく多様なコミュニティ内部の多様性をどのように共同的に組織化するのか、関係者の参加の実質化の問題について第7章や第15章で論じる。

### （3）教育におけるコミュニティと社会

　前節で、コミュニティに「過剰ともいえる期待」が抱かれているという文言を引用した。そのひとつは、コミュニティを近代になって失われ始めたとされる前近代的伝統と同一視し、復古的な形で理想視されたコミュニティを「再生」しようとする保守的な論調に見られる。たとえば、コミュニティへの成員資格から生まれる責任を満たすことを人々に求め、そのことを通して社会的秩序維持や道徳強化を期待するコミュニタリアンの主張はそれにつながる（Little, 訳書：197）。さらに、日本においては、地域集団の独自性を主張するより、ナショナル・コミュニティへの再統合を求める議論に直結することも少なくなく（齋藤, 2011：33）、政策によって唱導される近年の地域主義を、隣組といった戦前における地域主義との連続性において批判的に捉える議論もある（岩竹, 2017）。地域社会におけるコミュニティ形成は、自治体行政の一機能として、そしてその延長として国家統治の一機能として捉えられることも多く、ともすれば個人と対立する機能を持つこともある。コミュニティを論じるときには統治の視点に立って語られるコミュニティ論との距離の置き方が問われる。

　一方、コミュニティは「市民的で急進的な形をとることができ」、社会の伝統や現状を肯定するだけでなく「変化の役割を担うことができる」（Delanty, 訳書：67）との主張もある。日本の地域社会においても、学校的価値体系に組み込まれた地域や家庭への問題意識が特に1970年代以降に高まり、住民運動に内在していた対抗的価値の自覚の下で「子育て・文化協同」（佐藤, 2002）が進められたりした。

　そしてさらに、特定の教育課題という共同性を有しつつ、必ずしも地域性にとわられない越境的な市民的結社も成立している。このような認識の下、第14章では、地域社会に埋め込まれているのとは異なる越境

的コミュニティとして、フリースクールや不登校、障がいを持つ児童・生徒の「親の会」などに焦点を当て、それらの機能と課題、さらにはそれらが公共部門と結ぶ関係性について論じる。

　これにかかわって、政治的共同体（政府、行政）とコミュニティとの関係をどう捉えるかということがある。市民参加によるコミュニティは、国家への不信を含意することもあり、「政治の基盤である国家のオルタナティヴと見られるようになっている」（Delanty, 2003）。たしかに、子どもの貧困問題に対する地域社会での学習支援（第13章を参照）のように、公共部門だけでは解決することの難しい社会課題に対して、コミュニティにおける人称的支援が先行している例も多い。しかし、コミュニティそのものも多様であり、そもそも不利な条件下のコミュニティもある。すべての人々にされる保障されるべき財へのアクセスなどは、引き続き再配分の問題や社会政策の問題として論じられることになる。コミュニティの活性化によって市民的連帯が培われることと、政治的共同体の在り方が問い直され、その再活性化が図られることとは、相互に排他的というより、むしろ両輪として捉えられるべきなのである。

### 研究課題

1. 身近に存在する「コミュニティ」（自治体等が「コミュニティ」と銘打って進めている施策を含めてよい）を複数取り上げ、どのような分野（教育、福祉、環境、労働等）に、どのようなコミュニティが存在するかを調べ、領域ごとの特徴について考察しなさい。
2. 国家（政府）や市場による解決に加えて、コミュニティ・ソリューションが強く求められる教育課題にはどのようなものがあるか。

3．地域社会におけるコミュニティ形成にはどのような課題があるか。
都市と地方の違いを踏まえて考察しなさい。


## 参考・引用文献

大桃敏行（2021）「ガバナンス改革と教職の専門職性」広瀬裕子編著『カリキュラム・学校・統治の理論』世織書房、pp. 39-61

荻野亮吾（2021）『地域社会のつくり方』勁草書房

金子郁容（2002）『新版 コミュニティ・ソリューション：ボランタリーな問題解決にむけて』岩波書店

小松茂久（2016）『教育行政学―教育ガバナンスの未来図（改訂版）』昭和堂

佐藤一子（2002）『子どもが育つ地域社会』東京大学出版会

齋藤純一（2011）「コミュニティ再生の両義性」伊豫谷登士翁ら編著『コミュニティを再考する』平凡社新書、pp. 15-46

田尾雅夫（2011）『市民参加の行政学』法律文化社

玉野和志（2012）「コミュニティ」大沢真幸ら編集『現代社会学事典』弘文堂、pp. 459-460

夏秋英房（2018）「教育・学習環境としての地域コミュニティ」『地域コミュニティと教育』放送大学教育振興会、pp. 13-28

広井良典（2006）『持続可能な福祉社会』ちくま新書

広井良典（2009）『コミュニティを問い直す』ちくま新書

村上祐介・橋野晶寛（2020）『教育政策・行政の考え方』有斐閣

Delanty, G（2003）*Community*, London: Routledge〔＝山之内靖ら訳『コミュニティ』NTT 出版、2006 年〕

Little, A（2002）*The Politics of Community*, Edinburough University Press〔＝福士正博訳『コミュニティの政治学』日本経済評論社、2010 年〕

# 2 | 戦後教育の流れの中での教育とコミュニティ

大木真徳

《**目標＆ポイント**》　この章では、戦後教育の流れを大まかにたどりながら、教育政策・施策を手掛かりとして、そこでの教育と地域社会の関係の推移について整理する。これにより、その時々の社会状況を反映しながら、地域社会を基盤とするコミュニティにおける教育の在り方が現在に至るまで絶えず問われてきたことを確認する。

《**キーワード**》　地域社会、戦後教育改革、高度経済成長、コミュニティ政策、生涯学習政策、連携・協働論

## 1. 戦後の教育改革における地域社会の位置づけ

### （1）近代教育の出発と地域社会

　教育と地域社会との関係については、教育の政策・施策あるいは制度のなかで絶えず検討されてきたものといえる。学校教育を見れば、1872年の学制からすでに学区制が採用されており、一定の地域的な広がりを単位とした学校の設置・運営が当初から想定されていた。学制での学区は教育行政区画として構想されたものであったが、その後、各種の法令により、学区制度は就学する学校を指定するための通学区域を意味するものへと変遷していく。ただし、学区が単なる通学区域以上の地域的機能をはたしてきたことはたびたび指摘されるところであり、現在でも地域社会を具体的に把握するうえでのひとつの単位として見なされているといってよいだろう。

　一方、学校以外で行われる教育という意味での社会教育に関しては、

1885年に「通俗教育」という名称で文部省の所管事項として登場しており、明治期からすでに教育行政の対象として設定されていた。通俗教育については、当初、親や大人を対象に学校教育の意義を啓発し、子どもの就学を奨励することが主要な目的と見なされていたが、日露戦後以後には施策としての拡充・整備が図られるようになる。その一環として、いわゆる地域振興の担い手としての青年団の育成が注目され、以後、青年団や婦人会などの地域団体の育成が第二次大戦前の社会教育行政を特徴づける施策となっていく。

　このように、明治期の近代教育の出発以降、学校教育・社会教育ともに具体的な行政施策・制度のなかに、そこで想定・期待される教育と地域社会の関係を見出だしていくことが可能であるが、第二次世界大戦敗戦後の教育改革が両者の関係をめぐる大きな転換点であったといってよい。戦後、連合国軍最高司令官総司令部（GHQ/SCAP）の主導により、教育の分野においても、「非軍事化」と「民主化」を目的にした抜本的な改革が実施され、新たな教育理念の構築や教育制度の再編は、教育と地域社会をめぐってその関係を問い直す契機となった。

## （2）戦後の学校教育課程改革に見る地域社会

　たとえば、戦後の学校教育課程の改革を象徴するものとして1947年に発表された『学習指導要領一般編（試案）』がある。この最初の学習指導要領では「地域の社会の特性や、学校の施設の実情やさらに児童の特性に応じて、それぞれの現場でそれらの事情にぴったりした内容を考え、その方法を工夫して」いくことが理想的な教育課程の在り方として示されている。こうした教育課程観をうけて、1940年代後半から1950年にかけて学校単位や行政区画をもとにした地域単位で独自の教育課程を開発する試みが盛んとなった。その試みは、コア・カリキュラム論や

地域教育計画論のように目的や方法によっていくつかに類型化される
が、いずれにおいても地域社会との関係に基礎づけられた教育課程の開
発・実践であったといえる。

　コア・カリキュラム論は、特定の領域や課題を中核（コア）にして各
教科等の教育内容の統合を目指すものであった。その中核の設定におい
ては、児童・生徒の社会生活での経験に基づく検討が前提とされた。ま
た、地域教育計画論は、地域での教育課程の自主編成による教育の民主
化を目指すものであり、地域住民の視点を取り入れた教育計画の策定が
試みられた。そうしたコア・カリキュラム論や地域教育計画論では、児
童・生徒や地域住民の生活課題・地域課題に立脚した教育課程の実現が
目指されたという点が共通しており、それはいわば地域社会に即応した
学校教育の模索であった。

　1958年に学習指導要領が改訂されるにあたって、学習指導要領の教
育課程に関する国家基準としての性格が明確となったこと、また、それ
までの経験主義的な教育への批判から系統主義的な教育課程への転換が
図られたことなどは、戦後教育改革で示された教育課程観に大きな変更
をもたらすものであった。そうした状況を背景に、学校や地域による教
育課程改革の試みは、短期間のうちに1950年代には終息を見ることに
なるが、そこでの学校と地域社会との関係模索は戦後教育改革期のひと
つの特徴といってよいだろう。

## （3）　団体と施設に見る戦後の社会教育改革

　社会教育についても、戦後教育改革のなかで、地域社会における役割
や機能が大きく見直されることになる。たとえば、戦前の社会教育の中
心として行政主導により育成・強化が進められた青年団を始めとする地
域団体については、国家による思想統制の手段として機能したという反

省から、1945年9月に文部省が公表した「新日本建設ノ教育方針」や、それに続く文部次官通牒「青少年団体設置並ニ育成ニ関スル件」によって、構成員すなわち地域住民の自発的な団体として再編・再出発する方向性がはやくも示された。

　既存の地域団体の再編に加え、PTA（父母と先生の会）という新しい社会教育の団体も終戦直後に登場している。GHQ/SCAPの民間情報教育局（CIE）の協力の下、文部省によって結成促進が図られたPTAは、1940年代末に急速な普及をみることになる。学校・家庭・社会という三者の連絡を目的とするPTAは、地域での学校教育・社会教育の充実に大きな役割をはたすことが期待され、その組織化が進められていった。

　また、戦後に進められた社会教育の法整備・制度構築のひとつの特徴として、公民館制度の成立が挙げられる。戦後復興のための総合的な地域施設として構想された公民館は、1946年の文部次官通牒「公民館の設置運営について」から設置推進が開始され、1949年の社会教育法の成立をもってその法的根拠を得ることになる。地域振興に取り組む住民の拠点施設として誕生した公民館は、その後、地域社会で社会教育が展開される主要な場所として位置づけられていくことになる。このように社会教育においても、戦後の教育改革によって団体や施設の再編・整備が進められるなかで、地域社会との関係の再定位が図られたといえる。

## （4）　戦後教育改革と地域社会

　実際の教育活動の場面で見れば、当然ながら、戦前の学校教育・社会教育も、地域社会との具体的な関連のなかでその活動が展開されていたことはいうまでもない。いずれも昭和初期の頃に盛んとなった生活綴方や郷土教育の実践は、教育による地域課題への取組みあるいは地域の教材化そのものであり、まさに地域社会に直結したものであった。またす

でに明治期から政府により子どもの身体の規律訓練を目的に奨励されて
いた運動会は、その発展のなかで、単に学校行事としてだけでなく、地
域あげての「祭り」として学校と地域を結びつける機能をはたしていっ
たことも指摘されている（吉見他，1999）。

　教育と地域社会の関係は戦前から連綿と続いているものであるが、そ
の関係を捉える前提要素といえる教育行政の在り方に根本的な転換をも
たらしたのが戦後教育改革であった。教育基本法（1947年）や教育委
員会法（1948年）の成立に代表される新しい教育行政の理念・制度の
構築において、戦前の中央集権的・官僚的な教育行政の姿勢が改められ、
そこでは新たな教育行政の基本理念として、教育の民主化・教育行政の
地方分権化・教育の自主性確保が掲げられた。以降、こうした基本理念
は、教育と地域社会の関係を捉えるうえでも重要な視座として位置づけ
られてきたといえる。すなわち、具体的な教育政策・施策あるいは制度
の展開のなかで、住民自治や住民参加などの論点を伴いながら、地域で
展開される教育への住民意思の反映が絶えず議論されてきたのである。

## 2．高度経済成長期を経た地域社会の変容と教育

### （1）高度経済成長と教育

　1950年代半ばから1970年代初頭にかけての高度経済成長は、急速な
産業構造の転換により社会構造に根本的な変化をもたらした。この変化
は必然的に教育にも大きな影響を与え、学校教育では高校および大学へ
の進学率の急激な上昇を見ることになる。これを受け、国の施策として
後期中等教育や高等教育の拡充整備が進められるとともに、いわゆる「教
育内容の現代化」と称されるような、社会状況にあわせた教育内容の一
層の向上も図られることになる。1971年には、中央教育審議会答申「今
後における学校教育の総合的な拡充整備のための基本的施策について」

が出され、高度経済成長がもたらした急激な社会環境の変化を前提に、学校教育全般にわたる総合的・包括的な改革が提言されるに至っており、この答申は、明治初期と第二次世界大戦後に続く第三の教育改革を意図したものとして位置づけられた。

一方、社会教育に関しても、同じ 1971 年に社会教育審議会答申「急激な社会構造の変化に対処する社会教育のあり方について」が提出されている。この答申では、高度経済成長を経て生じた社会的条件の変化に対応して、社会教育が新たに担うべき役割や課題が示された。そこでは、生涯教育の観点から社会教育を再構成する必要が主張され、学校教育・社会教育・家庭教育の有機的な協力関係を構築すること、そして、その生涯教育において社会教育がはたす役割がきわめて大きいことが指摘された。ちなみに、生涯教育については、前述の中央教育審議会答申においても、全教育体系を総合的に整備するうえでの基本的な観点として登場している。

さて、1971 年のこの 2 つの答申について、それぞれの提言の前提となっている社会変化とりわけ地域社会の変化に対する認識を見ると、共通して都市化の進展が指摘されていることが分かる。いわゆる村落的共同意識を基盤としない都市的生活様式の拡大に教育がいかに対処すべきかが課題となっているのである。具体的には、学習需要という点ではその多様化・高度化への対応が求められるとともに、個人主義的意識の高まりや公共心の希薄化に対応した社会連帯意識の涵養の必要が強調されるようになったのも、地域社会との関連で見たこの時期の教育政策・施策の特徴といってよいだろう。

## （2）コミュニティ政策の登場

都市化により急激に変容する地域社会、そして、それにより生じる諸

課題については、教育の領域以外からもアプローチがなされることになる。その代表的なものが、自治省を主体としたいわゆるコミュニティ政策であった。その発端となったものが 1969 年の国民生活審議会調査部会コミュニティ問題小委員会の報告「コミュニティ—生活の場における人間性の回復—」であり、そこでは古くからの地域共同体が地域住民の欲求の変化に対応できぬままに崩壊したという状況認識の下、コミュニティの概念を用いて生活における新たな集団形成の必要性が提起された。

　この報告でのコミュニティの定義は、「生活の場において、市民としての自主性と責任を自覚した個人および家庭を構成主体として、地域性と各種の共通目標をもった、開放的でしかも構成員相互に信頼感のある集団」というものであった。この説明に見るように、ここでのコミュニティとは、すでに実態として存在するものではなく、これからの目標として形成されていくものとして示されている。

　この報告を受けて、コミュニティの形成を目標とする自治省による一連の施策が着手され、1971 年度からの 3 年間にわたって、全国 83 ヶ所でモデル・コミュニティ事業が実施される。そこでは、コミュニティ計画の策定やコミュニティ・センターの建設およびその運営を担当する住民組織の組織化などを骨子とした取組みが展開された。

### （3）コミュニティ政策と社会教育

　こうしたコミュニティ政策の展開が、社会教育に与えたインパクトは大きいものであった。そもそも、国民生活審議会調査部会コミュニティ問題小委員会の報告では、コミュニティ活動の中心となるリーダーの養成にあたって教育の役割が重要であることが述べられ、とりわけ社会教育のプログラムの充実に期待が寄せられた。これについては、地域住民の市民意識をコミュニティ形成の原動力と見るとき、その醸成のための

教育的な働きかけが重要な手だてと想定されることは自然のことであったといえる。

　ところが、モデル・コミュニティ事業等における個別の施策では、地域住民の活動拠点としてコミュニティ・センターの建設が推進されたことにより、コミュニティ・センターと公民館を対立的に捉える議論が生じたことも相まって、コミュニティ政策に対する社会教育関係者の評価は必ずしも肯定的なものではなかった。むしろ、地域住民の参加を基軸としたコミュニティ施策を行政主導による地域社会の統治・支配と見なすような批判に立って、地域社会における社会教育あるいは公民館の独自の役割を主張する論が展開された[1]。

　コミュニティ政策の登場によって誘発されたともいえるこの時期の社会教育をめぐる議論は、1960年代から活発化していた住民運動との関連や、住民の学習活動を支える社会教育関係職員の役割や専門性などの重要な論点と関連づけられながら、社会教育と地域社会あるいはコミュニティとの関係が改めて問われる契機となったのである。

## 3. 生涯学習政策の推進と地域社会

### （1）臨時教育審議会と生涯学習推進施策

　1971年の中央教育審議会答申および社会教育審議会答申で示された教育改革の方向性は、1980年代にも引き継がれることになり、そのひとつの到達点として1984年に内閣総理大臣直属の諮問機関として設置された臨時教育審議会での議論があげられる。この審議会の設置背景には、過熱する受験競争を原因として、少年非行の増加やいじめ・校内暴力・不登校といった教育荒廃が顕在化し、いわゆる「学歴社会の弊害」の社会問題化があったことはよく知られている。

　臨時教育審議会は、1987年までの間に4次にわたる答申を提出し、学

---

1　このあたりの経緯などについては、千野編（1976）を参照のこと。

歴社会の弊害の是正を目的に、学校中心の考え方を改め、生涯学習体系への移行を主軸とする教育体系の総合的再編成を図る必要を提起した。生涯教育の観点からの教育の総合的な整備という発想は、すでに1970年代から教育政策の指針として示されてきたものであるが、臨時教育審議会答申では、より学習者の主体性・自主性を重視するという立場から生涯学習という言葉が採用され、以降、生涯学習をキー概念とした政策が推進されていくことになる。

　教育と地域社会の関係という点では、臨時教育審議会の答申においては、家庭・学校・地域社会の連携という枠組みに基づき、家庭や地域社会の教育力の回復を図ることが強調されている点が注目される。そこでは、その前提として都市化の進展による「地域社会の教育力」の低下が明言されているのである。地域社会の教育力やその低下をめぐる言説は、それ以前からも存在はしていたが、臨時教育審議会の答申以降、家庭・学校・地域社会の連携を梃子とした地域社会の教育力の回復・向上が教育政策の基本路線として位置づいていったと理解してよいだろう。

### （2）家庭・学校・地域社会の連携論の隆盛

　家庭・学校・地域社会の連携については、家庭教育・学校教育・社会教育の有機的統合を図る生涯教育概念の登場と軌を一にするように、すでに1970年代から議論が本格化している。そこでは、学校教育と社会教育の連携を意味する「学社連携」といった言葉の登場を伴いながら、連携促進の必要が主張されてきた。

　当初、連携論をリードしたのは社会教育であった。1974年には、学社連携論の発端と位置づけられる社会教育審議会建議「在学青少年に対する社会教育の在り方について―家庭教育、学校教育と社会教育との連携―」が出されている。そこでは、青少年教育の在り方を見直し社会教

育の役割を明確にするという観点から、従来の学校教育のみに依存しがちな教育に対する考え方を根本的に改め、家庭教育・学校教育・社会教育がそれぞれ独自の教育機能を発揮しながら連携し、相互に補完的な役割をはたしていくことが提言されている。

　この建議内の「青少年の教育については、まだ一般に学校や教師に任せるという気風があって、地域における社会教育の重要な役割がとかく忘れられがちである」そして「地域住民が青少年の人間形成に果たす地域社会の役割について理解を深めるとともに、地域における社会教育活動が促進されるよう地域社会の協力が望まれる」といった文言に表されているように、学社連携論は社会教育側からのアピールという形で出発している。

　その後、社会教育領域での連携論への期待は、臨時教育審議会の答申を経て、1990 年代に入っても、学社連携をさらに推し進めた概念としての「学社融合」の提起（生涯学習審議会答申「地域における生涯学習機会の充実方策について」1996 年）に見るように継続して強化されていく。

　そして、2000 年以降は、学校完全週 5 日制の実施や「総合的な学習の時間」の導入等を経て、学校と地域社会との連携の必要に対する認識のさらなる強まりを受けて具体的な施策が展開される。そこでは、文部科学省と厚生労働省によって 2007 年度から開始された、地域社会での子どもの居場所の確保を目的とした「放課後子どもプラン」のように、教育行政と福祉行政とが連携した取組みも展開されていくことになる。

　なお、2006 年の教育基本法の改正では、第 13 条で「学校、家庭及び地域住民その他の関係者は、教育におけるそれぞれの役割と責任を自覚するとともに、相互の連携及び協力に努めるものとする」という「学校、家庭及び地域住民等の相互の連携協力」に関する事項が盛り込まれるに

至っている。

## （3）「開かれた学校」と地域社会

　さて、学校教育領域での地域社会との連携への注目は、臨時教育審議会の答申を機に、「開かれた学校」という考え方を基本にして高まりを見せていく。臨時教育審議会第2次答申（1982年）では、「学校は地域社会や父母・家庭に対してもっと開かれた学校運営を行うよう努力し、児童・生徒の個性と人格を尊重する基本姿勢を確立し、学校への新鮮な風通しをよくすることが必要であろう」と述べられ、教育荒廃といわれる状況を背景に、高まる学校や教師への社会的不信を回復することを目的に、学校運営の改善という観点から「開かれた学校」の必要が提起された（「開かれた学校」論について、さらに詳しくは第3章を参照のこと）。

　1990年代後半以降には、学校運営への地域住民・保護者の意向を把握・反映するとともに、その協力に基づいた学校運営の実現のための仕組みづくりが進められていく。具体的には、1998年の中央教育審議会答申「今後の地方教育行政の在り方について」において、地域住民が学校運営へ参画するための制度として示された学校評議員制度が2000年から導入された。続いて、同年の12月に取りまとめられた「教育改革国民会議報告—教育を変える17の提案—」で、「新しいタイプの学校」として「コミュニティ・スクール」等の設置促進が提言されたことを発端に、さらに新たな制度について検討が始められる。その検討は、2004年には、中央教育審議会答申「今後の学校の管理運営の在り方について」での学校運営協議会制度の提言に結実し、同年にはこれを受ける形で地方教育行政の組織及び運営に関する法律が改正され、制度化が実現している。

　この学校運営協議会制度を軸にして学校運営という点での学校と地域社会の連携が進められる一方で、地域住民からの学校への働きかけを促進するような施策も並行して展開されていく。2008年度から文部科学省は、地域住民がボランティアとして学校を支援することを主眼とする「学校支援地域本部」事業を開始する。さらに、2015年には、この事業の成果を基盤として、新たに「地域学校協働本部」の整備が、中央教育審議会答申「新しい時代の教育や地方創生の実現に向けた学校と地域の連携・協働の在り方と今後の推進方策について」で提言された。

　同答申は、学校と地域社会の関係をめぐって、それまでの「開かれた学校」からさらに一歩踏み出し、目標やビジョンを地域住民等と共有し、地域と一体となって子どもたちを育む「地域とともにある学校」への転換を提言している。そして、その考え方に沿って、コミュニティ・スクール（学校運営協議会制度）と地域学校協働本部の取組みを一体的・効果的に推進していくことの必要性が示され、その後そのための関連法の整備がなされるに至っている（学校運営協議会制度、および、コミュニティ・スクールについて、さらに詳しくは第7章を参照のこと）。

　以上のような経緯のなかで、2000年ごろの学校評議員制度や学校運営評議会制度の成立以降は、学校運営への地域住民の参加が、教育と地域社会の関係を考えるうえでの主要なテーマとして位置づいてきている。

## 4. 教育政策・施策から見る教育と地域社会の関係

　この章では、主に戦後の教育政策・施策の展開に着目し、そこでの教育と地域社会の関係について概観をしてきた。現在に至るまでの教育政策・施策を網羅的に取り上げることを目的としたものではないし、そもそも教育の営みのすべてが教育政策・施策の枠組みに回収されたり関連づけられたりするわけではない。その点からすれば、教育と地域社会と

　の関係を捉える考察としては十分ではないかもしれないが、教育政策・施策のいわば画期を意識しながら、ここで示してきた大まかな流れは両者の関係を捉えるうえでそれなりの妥当性を持っていると思われる。

　すなわち、まず、第二次世界大戦後の教育改革とりわけそこでの教育行政の転換が、教育と地域社会の関係を捉える前提を大きく変えるものであったこと。次に、高度経済成長を経てもたらされた社会構造の急激な変化を受けて、地域社会という点においては都市化に対応した新たな教育の在り方の模索が、いわゆるコミュニティ政策の影響も受けながら展開されたこと。そして、臨時教育審議会の答申以降、生涯学習振興施策の展開のなかで、学校教育・社会教育いずれの領域においても連携論を軸に教育と地域社会との関係強化が図られてきたことである。

　このように、教育政策・施策は、地域社会によって条件づけられるものであると同時に、教育と地域社会の関係の構築・再編を目標とするものでもある。後者の点でいえば、様々な教育の場面で地域住民の意向を反映させるための仕組みが繰り返し検討され作られてきた。そのひとつが、昨今の主要な教育施策といえる学校運営協議会制度（コミュニティ・スクール）であるし、この章では十分には取り上げなかったが、戦後の教育行政制度を象徴する存在である教育委員会制度もまたそのひとつである。教育と地域社会の関係は教育政策・施策のなかで絶えず検討がなされてきた普遍的な主題であるといってよい。

　繰り返しではあるが、教育の営みのすべてを政策・施策の枠組みで把握できるわけではないし、またそうすべきでもないが、その点を踏まえても、教育政策・施策が両者の関係を捉えるうえでの前提のひとつとして位置づいているのである。

**研究課題**

1．教育委員会制度の概要と変遷を調べ、教育行政と地域社会・地域住民とのかかわりという観点から、その意義や課題について考えてみなさい。
2．自身が居住している自治体では、学校と地域社会の連携・協働を促進するために、現在、具体的にどのような施策が実施されているのかを調べ、その施策の意義や課題について検討しなさい。

**参考・引用文献**

国立教育研究所編（1973）『日本近代教育百年史』財団法人教育研究振興会
越川求（2014）『戦後日本における地域教育計画論の研究─矢口新の構想と実践』すずさわ書店
鈴木眞理・大島まな・清國祐二編（2010）『社会教育の核心』全日本社会教育連合会
千野陽一編（1976）『コミュニティと社会教育』（日本の社会教育第20集）東洋館出版社
倉沢進（1998）『コミュニティ論』放送大学教育振興会
吉見俊哉他（1999）『運動会と日本の近代』青弓社

# 3 ｜「開かれた学校」づくりの政策と実践

仲田康一

《**目標＆ポイント**》　本章では、2000 年を前後して、学校と地域社会の関係構築が教育改革の焦点となり、教育論と行政改革の双方を背景に「開かれた学校」づくりが政策課題化されてきたという大きな流れを理解する。そのうえで、この時期から広がりを見せた学校ボランティアの取組みについて、様々な活動領域を整理しながら、その意義と課題を考察できる。
《**キーワード**》　開かれた学校、行政改革、分権改革、学校ボランティア

## 1. 世紀の変わり目における開かれた学校への動き ～「教育論」に基づく「開かれた学校」論

　本章では、2000 年を前後して、学校と地域社会の関係構築が教育政策の焦点になってきたことを論じ、その背景を概説するとともに、いかなる具体的な施策が展開したかを説明する。

### （1）学校と外部社会との関連性

　英国の教育社会学者 C・ヴィンセントは、かつて英国の学校に「この先、親の立入禁止」という標識があったことに触れ、学校が自らを保護者や地域と分離した「島」と見なそうとする傾向があったと指摘している（Vincent, 1996：1）。同国にあっては、その後、参加民主主義の議論の進展や、顧客の権利の意識の高まり、さらには保護者・地域住民と学校とのパートナーシップが学校教育に正の影響を与えるとの考えから（たとえば、Desforges, 2003）、学校の運営や、教室での保護者ボラン

ティアなどとして、保護者等の関与を高める方策も進んでいる。

　日本にあっては、特に公立学校の場合、学校自体が地域社会と密接にかかわりを持っている。明治期の学校制度は、当初から学区制を取っており、地域社会との関連の上に設立されたとされる（夏秋，2018：46）。通学区域が人間関係の基本単位となったことにより、学校が地域社会の拠り所として捉えられるようにもなった。学校の統廃合や、通学区域の見直しが大きなイシューとなるのは、それだけ学校や通学区域というものが当該地域の人々の生活や人間関係と不可分であることを象徴しているともいえる。

　これに対し、戦後日本の教育においては、学校と地域社会の距離感が問題とされるようになってくる。特に学校教育の内容が高度化した 1970 年代頃には、子どもたちの日常的体験の不足や、学校教育の内容の狭隘さ等への問題意識が指摘されるに至った。こうしたなか、社会教育領域における課外活動や地域教育活動が進められ、学校への協力依頼や子どもの参加要請もなされるが、多くは社会教育の側から学校教育へのアプローチとして行われるものであり、しかも学校側からは「学校カリキュラムの全体性を捉えていない社会教育のイベント主義」という批判がなされたこともあり、学校カリキュラムの組み替えまでにまでは至らなかった（玉井，2000：47）。

　1970 年代以降、もうひとつ注目されるのは、学校の教育活動をめぐって、学校・教員と保護者・子どもの間での不一致や衝突が顕在化したことである。それまでの教育裁判は学校と行政の間で争われることが多かったのに対し、校則問題などのように、学校と保護者・子どもとの間の対立も増えていった。こうしたなかで、子どもと教師集団が校則の見直しを行うといった革新的な実践がなされたり、学校内の権利保障の問題を扱うために学校協議会を設立し、保護者参加の保障を目指す議論が

展開されるとともに、人権オンブズマンの設置や、指導要録の開示など
の試みがなされていった。このようにして、教育運動のキーワードとし
て「開かれた学校づくり」が80 〜 90 年代において取り上げられるに至
ったのである。

　同じ頃、政府においても「開かれた学校」という語が用いられるよう
になってくる。典型的には 1987 年の臨時教育審議会の第 4 次答申にお
いて、「開かれた学校」というスローガンが掲げられ、「学校は地域社会
共通の財産との観点から、学校、家庭、地域の協力関係を確立する」と
された。

　しかし、こうした主張はなされたものの、教育行政や学校関係者の強
い懸念もあり、具体的な制度化が進んだとはいいがたく、個別の取組み
が広がるにとどまったのも事実である。実際、「開かれた学校」を実現
するためとして臨時教育審議会が示した諸施策のうち、施設開放は一定
程度広がったものの、たとえば、「学校の運営への家庭、地域社会の建
設的な意見の反映」について、それを具体的な法制度に結実させる政治
的な動きには至らなかった。

　こうした状況は、20 世紀終わり頃まで継続する。それを例証するのが、
OECD 教育研究革新センターが 1997 年に出版した『親の学校参加』[1]と
いう書籍である。同書は、OECD 加盟国のうち 9 ケ国を対象に、親（保
護者）が学校にいかなるかかわり方をしているかを調査したものである
が、そこでは、「日本の学校における親の関与は厳格に制限されており、
実施される場合も、基本的には教師によって統制される傾向がある」
（OECD, 1997：訳書 237）とされている。また、「文部省と地方の教育
委員会が学校教育課程に対して実施している強い統制」（OECD, 1997：
訳書 231）があるため、学校カリキュラムについて「親には何らの発言
権も認めていない」（同前）とされている。

---

1　原著のタイトルは、*Parents as Partners in Schools* で、直訳すると『学校にお
けるパートナーとしての親』となる。

## （2）「開かれた学校づくり」の政策課題化

　以上のような状況に対して「開かれた学校」という言葉が政策として具体化されていったのが、20 世紀から 21 世紀に時代が移り変わる頃であった。

　この背景には様々なことが考えられるが、ひとつの大きな要因は、学校週 5 日制の導入だったといえるだろう。土曜日の居場所づくりなどについて、地域住民などの連携協力に期待する論調が強まった。「学校開放」も盛んとなり、「学社連携」から「学社融合」というキーワードも用いられるようになった。また、不登校、いじめなど、学校が抱える生徒指導上の課題や、後に説明する「総合的な学習の時間」（第 6 章参照）に代表される教育課程上の課題が喫緊となっていったことがある。多様化、複雑化した教育課題に、学校だけで向き合うことの限界が認識されるようになっていった。

　なかでもエポックメイキングだったのが、1996 年に出された中央教育審議会の「21 世紀を展望した我が国の学校教育の在り方について（第 1 次答申）」である。「開かれた学校」という概念を大きく打ち出した同答申は、第 2 部第 4 章を「学校・家庭・地域社会の連携」と題して、「開かれた学校」の概念を次のように説明している。同答申はまず、「学校が社会に対して閉鎖的であるという指摘」が「しばしば耳にするところ」であると認めたうえで、「これからの学校が、社会に対して『開かれた学校』となり、家庭や地域社会に対して積極的に働きかけを行い、家庭や地域社会とともに子供たちを育てていくという視点に立った学校運営を心掛ける」ことの重要性を指摘した。その具体案として、「保護者や地域の人々に、自らの考えや教育活動の現状について率直に語るとともに、保護者や地域の人々、関係機関の意見を十分に聞く」「教育活動を展開するに当たっては、もっと地域の教育力を生かしたり、家庭や地域

社会の支援を受ける」ことに加え、「地域社会の子供や大人に対する学校施設の開放や学習機会の提供などを積極的に行い、地域社会の拠点としての様々な活動に取り組む」といった事柄を提言している。

以上は、「教育論」に基づく「開かれた学校」論であるといえる。子どもの発達・教育における地域社会の役割を認識し、情報公開や意見交換、家庭や地域社会から学校への支援、学校開放等の施策が提言されたのである。

## 2. 分権改革の進展～「行政改革」に基づく「開かれた学校」論

他方、「開かれた学校」論は、「行政改革」に由来して推進されてきたという経緯もある。

「開かれた学校」論が政策課題化された20世紀の終わりから21世紀初頭は、地方分権を志向した行政改革が大きく進んだ時期でもあった。典型的には、2000年の地方分権一括法の施行により、これまで中央集権型の行政システムの中核的部分を形づくってきた機関委任事務制度が廃止されるなど、地域の事情や住民のニーズ等に応じた行政運営が重要とされた。教育分野においても地方自治体が、より地方の実情に即して、自律的に教育行政を行うべきという論調が高まった。

地方分権の議論は、さらに進んで、学校が、その置かれた地域社会の実情に応じて自律的に営まれるべきであるという「自律的学校経営」論に展開する。この論を主張し、理論化を進めた論者のひとりである堀内は、第1に「これまで学校経営を他律化してきた教育委員会の権限を学校に委譲すること」、第2に「経営機能を担う職制の整備確立」等の「〔学校〕内部組織の再構築」と「学校の経営管理層の育成」が必要であるとしたうえで、第3に、「保護者、住民による学校経営参加」が、学校の自律性を確立する方途であると主張した（堀内, 2009）。地方分権・学

校分権が進み、各地・各学校で教育の特色づくりが進められるようになるためには、関係者の意思や願いを反映することが不可欠である。また、特色ある教育活動を展開するためには、それに対する説明責任や、関係者の合意と協力が求められ、各学校における「学校教育実施に関する公共性を、個々の学校が保証する」（堀内，2009：6）ための制度整備が必要になる。このように、学校への保護者・地域住民の関与は、学校経営の自律性の根拠であり、同時に方途であるとして位置づけられていったのである。

　こうした理論化と同時に、政策的な動きも進んでいった。この点で重要なのは、1998年に出された中央教育審議会答申「今後の地方教育行政の在り方について」である。同答申の第3章「学校の自主性・自律性の確立について」のなかには「地域住民の学校運営への参画」という項目が設けられている。ここにおいては、「学校が地域住民の信頼にこたえ、家庭や地域が連携協力して教育活動を展開するためには、学校を開かれたものとするとともに、学校の経営責任を明らかにするための取組が必要である」として、「より一層地域に開かれた学校づくりを推進するためには学校が保護者や地域住民の意向を把握し、反映するとともに、その協力を得て学校運営が行われるような仕組みを設けることが必要」としたのである。この提言を踏まえ、2000年の学校教育法施行規則改正によって導入されたのが、学校評議員制度である。学校評議員は、「当該学校の職員以外の者で教育に関する理解及び識見を有するもの」を、校長の推薦に基づいて委嘱し、校長の求めに応じた学校運営について意見を述べることができるとしたものである。これは「我が国で初めて地域住民の学校運営への参画の仕組みを新たに制度的に位置付け」たもの（2003年、中央教育審議会第35回会議資料）であり、当時としては画期的なものでもあった。

　1990年代後半から2000年代にかけて進んだこうした行政改革は、政府の役割を相対化し、多様なアクター間のかかわりにおいて統治現象を捉えようとする考え方の変化とも呼応するものである。その変化を象徴するのが「ガバメントからガバナンスへ」という表現である。ガバナンスとは「協治」などとも訳される。「ガバメントからガバナンスへ」という表現は、公共サービスの供給・管理を考えるとき、ガバメント（政府）だけでなく、非政府のアクターを含めた関係構造によってこれを捉えることが適切であるということを示したものなのである。保護者・地域住民の参加は、非政府セクターが学校という公共部門による供給・管理に関与するという関係構造の再編と見ることもできる。その意味で、学校という公共機関にも「ガバナンスへ」という変化がおよんできたのがこの時代だったといえよう。

　以上は、「行政改革」に基づく「開かれた学校」論といえる。ここでは、地方分権、さらには学校分権や学校の自律性というキーワードの下、学校運営への保護者の参加や、説明責任の向上が目指されたということになる。もちろん、これは、前節で述べた教育論に根ざした「開かれた学校」論と独立したものではない。むしろ、「総合的な学習の時間」を柱とする教育課程の実践や、学校の完全週5日制の実施を成功裏に進めていくため、上記のような教育行政改革が要請されたともいうことができる。

　前節において述べた内容を含めて、以下のように整理した。

---

①「教育論」に基づく「開かれた学校」論
　　→学校施設開放、学校ボランティア、教育課程内外での地域社会や
　　　保護者との連携
②「行政改革」に基づく「開かれた学校」論
　　→学校の説明責任、学校運営への地域住民・保護者等の参加拡大

---

　これらのうち②については、第7章で詳述することとし、次節以下では①に絞って、特に学校ボランティアの先駆的な実践事例を取り上げ、その具体像の把握を試みたい。

## 3. 実践の展開
　**～特に学校ボランティアの実践にかかわって**

### （1）三鷹市立第四小学校に見る学校ボランティアの構想と実践

　本節で取り上げるのは、東京都内にある三鷹市立第四小学校である。同校は学校支援ボランティアが多様にかかわる学校づくりを、21世紀が始まった頃から20年以上にわたって続けている。

　契機となったのは、2000年、当時の校長が「開かれた学校づくり」の理念を「すべての子どもの夢を育てる学び舎＝夢育の学び舎」として掲げたことであった（大門・伊藤，2002）。校長は、保護者・地域住民が教育の当事者として学校にかかわるような教育構想を打ち出し、様々な場面で教育実践に参加を求めた。地域の「良識と専門性」（三鷹市立第四小学校，2004b）を信用し、「徹底的に地域に開かれた学校」を作ろうとしたのである。それは、「地域社会と一体となった開かれた教育環境のなかで、価値ある体験を軸に、児童が主体的に学習活動を展開すれば、豊かな心や社会の変化に対応できる力（生きる力）が育成されるであろう」（三鷹市立第四小学校，n.d.:1）という考えに基づいている。

　本節で検討していく学習支援ボランティアについては、その構想の一部をなすものであった。同校では、どのような分野の学校ボランティア活動がありうるのか、以下の図3－1のような分類図をつくって可能性を模索した。

　従来は、教育課程外で比較的誰もが参加できる第3象限（左下）の活動が多かった。それはたとえば、図書館ボランティア、通学路の整備・

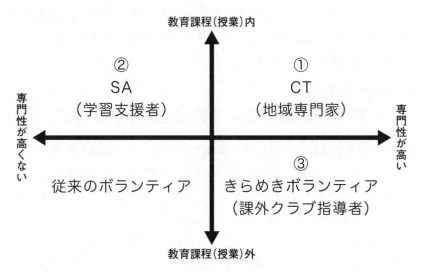

**図3－1　三鷹市立第四小学校におけるボランティアの種類**

（同校資料をもとに筆者作成）

見守り、読み聞かせ、学校の環境整備（草むしり等）などといったものである。

　これに対し、同校では、教育課程内で専門性を持った外部人材を用いる第1象限（以下の①）、または教育課程外にも専門性を持ったかかわりをしてもらう第2象限（以下の③）や、高度な専門性を持つことは期待されないが、しかし教育課程内で活動を行う第4象限（以下の②）にも活動の幅を広げることを考えた。これら3種について、同校の資料は、次のように説明している（各項目の説明文は三鷹市立第四小学校, 2004a：14-15 から引用）。

### ①CT（コミュニティ・ティーチャー＝地域専門家）

　専門的な知識や技術を生かし、主に総合的な学習の時間に協力するボランティア。和菓子職員、医師、エンカウンターの専門家、農家の方等のほか、地元の商店街や青年会議所、各種 NPO 団体、大手企業等とも連携し、様々な教育ボランティアの協力・協同を得ている。その結果、総合的な学習の時間での多様な単元開発や探究活動が可能になり、子どもたちも多種多様な実体験と感動を味わい、目を輝かせながら生き生きと学習に取り組んでいる。

### ②SA（スタディ・アドバイザー＝学習支援者）

　様々な授業や学校行事等の教育活動の指導補助として活躍するボランティア。校外活動の安全管理から家庭科の実習補助まで、幅広く支援している。特に、基礎・基本の確実な定着のため、算数の習熟度別指導や国語の少人数指導では、常に4〜6名の保護者・地域のボランティアの方が授業に入り、教師と連携しながら、子どもたちにきめ細かい指導を展開している。さらに、定期的に授業研究会にも参加し、教師とともによりよい授業づくりにも参画している。

### ③きらめきボランティア

　家庭や地域の方が、趣味や特技を生かして指導する、課外の選択クラブ活動（きらめきクラブ）のボランティア。英会話、ハングル、手話、読み聞かせ、野球、キッズダンス等、現在 20 の課外クラブが、放課後を中心に活発に活動している。そのうち7つのクラブは、学校週5日制の対応として、土・日曜日に実施されている。

　また、子どもたちの生き生きとした活動に刺激され、大人用のきらめきクラブを結成しようとの機運が広がり、昨年には吹奏楽やコ

## 表 3 - 1　SA の活用範囲の例

| 学年 | 教科 | 単元・内容 | 具体的な支援内容 |
|---|---|---|---|
| 1 | 国語 | えとことばでかきましょう | 絵に言葉を添えるとき、言葉を引き出したり、文字を教えたりする。 |
| 1 | 国語 | えにっき | 絵日記の文章をマスを使って書くときの補助 |
| 1 | 国語 | たのしかったことをかきましょう | 書いた文のすいこう（誤字、脱字、「」、「。」、「、」とよいところをほめる。 |
| 1 | 国語 | したことを思い出して書く | 書いた文のすいこう（順序、「」、文末表現「です」「ます」、誤字脱字） |
| 1 | 国語 | 作文① | 「書き言葉」の形で書く、「は」「を」「へ」を正しく使うことの助言 |
| 1 | 国語 | 作文② | 作文の支援、子ども達が書く楽しさを感じられるように |
| 1 | 国語 | 作文③ | 書きたいことを聞いてあげたり、わからない文字をおしえたりする |
| 1 | 国語 | 作文④ | 「、」「。」や「」の使い方など、書く時の決まりごとを学習する補助 |
| 1 | 国語 | 作文⑤ | SA や教師とおしゃべりすることで書くことをはっきりさせたり、ふくらませたりする。 |
| 1 | 算数 | つまずきを探し復習問題を解く | 復習問題を解き、個々の課題のドリル、教科書、プリントを解くときの補助　丸付け |
| 1 | 算数 | つまずきを探し復習問題を解く | 復習問題を解き、個々の課題のドリル、教科書、プリントを解くときの補助　丸付け |
| 1 | 算数 | 20 よりおおきいかず | 復習の丸付け、声掛け |
| 1 | 算数 | 1 年の総復習 | 復習の丸付け、声掛け |
| 1 | 算数 | 足し算・引き算（繰り上がりあり） | ゲームの支援、丸付け、困っている児童への支援 |
| 1 | 算数 | 引き算（くり下がりあり） | タイルを使う操作の補助、丸付け |
| 1 | 生活 | 井の頭公園の西園への探検（春） | 行き帰りと公園内での安全管理、子どもたちの気づきへの声掛け |
| 1 | 生活 | 井の頭公園の西園への探検（夏） | 行き帰りと公園内での安全管理、子どもたちの気づきへの声掛け |
| 1 | 生活 | 井の頭公園の西園への探検（9 月） | 行き帰りと公園内での安全管理、子どもたちの気づきへの声掛け |
| 1 | 生活 | 井の頭公園の西園への探検（秋） | 行き帰りと公園内での安全管理、子どもたちの気づきへの声掛け |
| 1 | 生活 | 井の頭公園の西園への探検（冬） | 行き帰りと公園内での安全管理、子どもたちの気づきへの声掛け |
| 1 | 生活 | 昔遊び（体験） | 昔遊び（お手玉、こま、あやとり、けん玉、はねつき等）の補助・指導 |
| 1 | 生活 | 昔遊び（練習） | 昔遊びの補助・指導（中休み・昼休み　子どもが来ない可能性あり） |
| 1 | 生活 | 昔遊び（本番） | 幼稚園・保育園児を招待して昔あそびを教えるときの補助・安全管理 |
| 1 | 生活 | おもちゃランド | 幼稚園児を招待してお店を開く、グループの見守り、安全対策 |
| 1 | 生活 | お手伝い名人になろう | 子ども達が実際に作業している中での補助・助言 |
| 1 | 生活 | さつまいも掘り | 学校農園での芋ほり準備（つるの切断、収納・干す） |
| 1 | 生活 | さつまいもふかし | 収穫したさつまいもを家庭科室で蒸かす |
| 1 | 図工 | 板版画 | インクの量や塗り・刷り方・印刷機の処理などの補助や助言 |
| 1 | 行事 | 運動会（種目・表現） | 持ち物チェックと着替え補助、入場門での整列補助 |

| 2 | 算数 | 長さのたんい | 学習の支援 |
|---|---|---|---|
| 2 | 算数 | 2 けたの数 | 学習の支援 |
| 2 | 算数 | 九九の暗唱 | 聞いて、合格なら捺印。中休み・昼休み　子どもが来ない可能性あり） |
| 2 | 算数 | かけ算（文章題・計算問題） | ゲームの支援、丸つけ |
| 2 | 算数 | 引き算（くり下がりあり） | 学習の支援 |
| 2 | 算数 | 長さをはかろう | 定規の扱いの補助・助言 |
| 2 | 生活 | 町たんけん（じまんの場所①）（色々な発見をしよう） | グループ引率、安全確認 |
| 2 | 生活 | 町たんけん（じまんの場所②）（色々な発見をしよう） | グループ引率、安全確認 |
| 2 | 生活 | 自分たちで育てたトマトを調理する | 料理の補助、火と包丁の安全管理 |
| 2 | 生活 | 町たんけん（じまんの場所③）（色々な発見をしよう） | グループ引率、安全確認 |
| 2 | 生活 | 町たんけん（じまんの人）（インタビューのリハーサル） | 教室でインタビューワー役になり、インタビュー内容や、マナーについて助言 |
| 2 | 生活 | 町たんけん（じまんの人）（インタビューあり） | グループ引率、安全確認 |
| 2 | 生活 | 三鷹駅前コミセンと図書館の仕事を見学＆お話を聞く | グループ引率、安全確認 |
| 2 | 生活 | 郵便局の見学 | 公共のバスに乗っていくので、その引率。郵便局では全員一緒の行動 |
| 2 | 生活 | お店屋さん探検（お店めぐり・お店屋さんにインタビュー） | グループ引率、安全確認 |
| 2 | 生活 | 買い物をしよう | 危険箇所に立って安全管理 |
| 2 | 生活 | 友だちの家を探検 | グループ引率、安全確認 |
| 2 | 生活 | こんなに大きくなったよ | SA の 0 才～ 4 才の子育てに関するエピソードを話して聞かせる |
| 2 | 生活 | "小学生花壇" をつくろう！（全国都市緑化フェア） | 西園までの安全管理、花を植える活動の補助 |
| 2 | 生活 | 冬の生活を楽しもう　マフラー作り | 編み台を使っての作業。毛糸の送り方などの支援 |

| 2004 H16年度 | 2005 H17年度 | 2006 H18年度 | 2007 H19年度 | 2008 H20年度 | 2009 H21年度 | 2010 H22年度 | 2011 H23年度 | 2012 H24年度 | 2013 H25年度 | 2014 H26年度 | 2015 H27年度 |
|---|---|---|---|---|---|---|---|---|---|---|---|
|  |  |  |  |  |  |  |  |  |  | ○ |  |
|  |  |  |  |  |  |  |  |  |  | ○ |  |
|  |  |  |  |  |  |  |  |  |  | ○ |  |
|  |  |  |  |  |  |  |  |  |  | ○ |  |
| ○ | ○ |  |  |  |  |  |  |  |  |  |  |
|  | ○ |  |  |  |  |  |  |  |  |  |  |
|  |  | ○ |  |  |  |  |  |  |  |  |  |
|  |  |  | ○ | ○ |  |  |  |  |  |  |  |
|  |  |  |  | ○ |  |  |  |  |  |  |  |
|  |  |  |  |  |  |  |  |  |  | ○ |  |
|  |  |  |  |  |  |  |  |  |  | ○ |  |
|  |  |  |  |  |  |  |  |  |  | ○ |  |
|  |  |  |  |  |  |  |  |  |  | ○ |  |
| ○ |  |  |  |  |  |  |  |  |  |  |  |
|  |  |  |  |  | ○ |  |  |  |  |  |  |
| ○ | ○ |  | ○ |  |  |  |  |  | ○ |  |  |
|  |  |  |  |  |  |  |  |  | ○ |  |  |
|  |  |  |  |  |  |  |  |  | ○ |  |  |
|  |  |  |  |  |  |  |  |  | ○ | ○ |  |
| ○ |  |  |  |  |  |  |  | ○ | ○ |  |  |
|  |  |  |  |  |  |  |  |  | ○ | ○ |  |
| ○ | ○ |  | ○ | ○ | ○ | ○ | ○ | ○ | ○ |  |  |
|  |  |  |  |  | ○ | ○ |  |  |  |  |  |
|  |  |  |  |  |  |  |  |  | ○ |  |  |
|  |  |  |  |  | ○ | ○ |  |  |  |  |  |
|  |  |  |  |  |  |  |  |  | ○ | ○ |  |
|  |  |  |  |  |  |  |  |  |  | ○ |  |
|  |  | ○ |  |  |  |  | ○ | ○ |  |  |  |
| ○ |  |  |  |  |  |  |  |  |  |  |  |
|  |  |  |  | ○ |  |  |  | ○ |  |  |  |
|  |  |  |  |  |  | ○ |  |  |  |  |  |
|  |  | ○ | ○ | ○ | ○ | ○ | ○ | ○ | ○ | ○ |  |
|  |  |  |  |  |  |  |  |  | ○ | ○ |  |
|  |  |  |  |  |  |  |  |  | ○ | ○ |  |
|  |  |  |  |  |  |  |  |  | ○ |  |  |
|  |  |  |  |  |  |  |  |  | ○ |  |  |
|  | ○ |  |  |  |  |  |  | ○ | ○ | ○ |  |
|  | ○ |  |  |  |  | ○ | ○ |  |  |  |  |
| ○ |  |  |  |  |  |  | ○ |  |  |  |  |
| ○ |  |  |  |  |  |  |  |  |  |  |  |
| ○ |  |  |  |  |  |  |  |  |  |  |  |
|  |  |  |  |  |  |  |  |  |  | ○ |  |
|  |  |  |  |  |  |  |  | ○ |  |  |  |
|  |  | ○ |  |  |  |  |  |  |  |  |  |

夢育支援ネットワークからの提供資料（全体の中の一部を例示したもの）

ーラス等、3つの大人のクラブが発足し、熱心な活動が展開されている。

　ちなみに、上記②のＳＡについては、多様な教科で、多様な活動が行われている。同校では、ボランティアをコーディネートするコーディネーター・チーム（次の第4章参照）があり、そこでは先の表3－1のような資料をまとめ、これまでの活動を整理するとともに、今後の新たな活用範囲を模索してもいる。

　近年では、学校で授業ボランティアを用いる事例は次々拡大している。しかし、これだけ早い時期から実施され、現在まで継続しているという点において、同校はきわめて特徴的といえよう。

## （2）ボランティアの意義と課題

　この仕組みを導入することで期待される効果について、同校の資料には、「教育の質的向上と活性化」、「子どもたちの変容」、「地域の教育力再生の糸口」という3つの課題に対応することが挙げられている（三鷹市立第四小学校，2002b:n.b.）。

　このうち、第1の「教育の質的向上と活性化」については、たとえば、様々な外部者が関与することで、教師だけではカバーできない専門性が得られることがある。当初、教師が楽をするために地域に負担を求めるのか、という意見も地域からなくはなかったが、当時の管理職が「教師が80％の力で済ませ、20％を地域に補ってもらうのではなく、教師は100％の力を注ぐところに、地域の20％の力を上積みすることで、120％の教育をする」との趣旨を説明し、理解を得ていったことは、現在活動しているボランティアにも深い印象を持って語り継がれている。

　第2の「子どもたちの変容」については、様々な大人との異年齢の交

流が増えたりすることによる、社会性の発達が意識されている。また、学校支援ボランティアとして参加する大人からしても、子どもの変容に立ち会えることの喜びややりがいは少なくなく、保護者や地域住民の生涯学習の意味合いを持って受け止められていった。

　第3の「地域の教育力再生の糸口」については、地域の子どもとの挨拶に象徴される、近隣社会内部での「顔見知り」の増加に加え、保護者や地域住民の相互関係の構築も意識されている。同校がある地域には、社宅も複数あり、いわゆる「転勤族」が少なくないため、学校のボランティアを通じて他の保護者や地域住民とのつながりをつくりたいという大人のニーズに応える意味でも、この実践が機能しているという。

　ここで同校の実践の根底にある学校像についても触れておきたい。同校の当時の資料には、地域に根ざした教育を行うことで、「公設民営化と競争原理に裏打ちされた教育システムとは似て非なるコミュニティスクール」を目指すと書かれている（三鷹市立第四小学校, 2002b:n.b.）。

　三鷹市立第四小学校が実践を始めた2000年代前半は、公立学校選択制の導入が各地で進むなど、民間的な競争原理を学校改革に応用しようとする動きが高まっていた時代だった。もし、こうした改革モデルに基づくならば、学力等の成果や、教育活動の特徴が顕著な学校を選択することが重視され、地域の学校に通うことの必然性は乏しくなる。これに対し、同校は、そのような競争原理的教育改革に対して、別の道筋を提示したのだった。学校が地域や社会の関係性のなかに埋め込まれた存在であることや、学校において人々が集い、時間や場所を共有することの意味それ自体を重視したのが三鷹市立第四小学校の実践であったといえるだろう。

　最後に、ボランティアの推進について、留意すべき点がないわけではないため、これについても触れておく。これは三鷹市立第四小学校の事

例を離れ、より一般的な議論になるが、社会的な属性によってボランティア活動への参加意識が異なるということである。アメリカの教育社会学者 A・ラローは、保護者の対学校における行動や意識が階層間で大きく異なっていることを指摘する。白人で階層上位の保護者は、ボランティアに盛んに参加して教員を助け、学校行事への参加も頻繁であり、保護者同士のネットワークも広い。それに対して人種的・階層的マイノリティの保護者は、自らの学校教育経験の制約によって教員と接することに心理的に構えてしまったり、時間的制約が大きく、ボランティアも低調で、どちらかといえば没交渉であるということを明らかにしている（Lareau, 1987）。地域によって潜在的なボランティア層の多寡は異なると考えられるため、教育制度をボランティアの存在を前提とすることは適切でない。条件整備の拡充は前提であり、第４章で述べるコーディネーターの配置なども含めた行政責任のはたし方が同時に問われるものであることを付言しておきたい。

## 研究課題

1．表３−１をもとに、自分が知っている活動や、自分が在住・在学・在勤する地域で行われている諸活動を４象限に分類してみたうえで、知っている活動が少ない象限で、今後、他にどのようなことができるか（どのような活動がありうるか）を考えなさい。
2．学校ボランティアを政策的に推進することについて、その意義（肯定的な点）、問題（否定的な点）、課題（推進するためのネックになる事柄）といった点で整理しなさい。

## 参考・引用文献

大門由起子・伊藤礼子（2002）「『ひらかれた学校』の試みを体験して」教育科学研究会編『教育』52 巻 8 号、pp. 64-69

玉井康之（2000）「コミュニティの活性化と生涯学習」日本教育経営学会編『生涯学習社会における教育経営』玉川大学出版部、pp. 44-63

夏秋英房（2018）「近代学校の成立と地域コミュニティ」玉井康之ら『地域コミュニティと教育』放送大学教育振興会、pp. 45-58

堀内孜（2009）「学校経営の自律性確立課題と公教育経営学」『日本教育経営学会紀要』51 巻、pp. 2-12

三鷹市立第四小学校（2002a）「ふれあう よろこびを！：家庭・地域と連携融合した『夢育の学び舎』の創造」

三鷹市立第四小学校（2002b）「第 18 回教育奨励推薦書」

三鷹市立第四小学校（n.d.）「研究構想図」

Desforges, C. (2003) *The Impact of Parental Involvement, Parental Support and Family Education on Pupil Achievements and Adjustment: A Literature Review, Research Report*, No 433 for Department for Education and Skills

Lareau, A. (1987) Social Class Differences in Family-School Relationships: The Importance of Cultural Capital, *Sociology of Education*, 60 (2), pp. 73-85

OECD, CERI (Centre for Educational Research and Innovation) (1997) *Parents as Partners in Schools* 〔中嶋博ら訳『親の学校参加』学文社、1998 年〕

Vincent, C. (1996) *Parents and Teachers: Power and Participation*, Routledge

# 4 ｜ 地域コーディネーターとコーディネート機能

｜仲田康一

《目標＆ポイント》 学校ボランティアなど、様々な主体と学校が連携した活動を行うようになるにつれて、学校と地域社会の間をつなぐコーディネート機能が必要となったこと、さらにそれにより、コーディネーターが求められるようになってきたことを理解する。そのうえで、コーディネーターの専門性の在り方や、具体的な活動事例を概説し、その意義と今後の課題を考察する。
《キーワード》 コーディネーター、コーディネート機能、地域学校協働本部、地域学校協働活動推進員、コーディネーターの職務と専門性

## 1. 地域コーディネーターとは

### （1）コーディネーターの存在

　前章で述べたように、21世紀に入って、学校と地域社会との連携を深めようとする政策は進展の速度を上げてきた。保護者や地域住民、さらには、企業、団体といった様々な主体が、学校に関与することになり、その領域としても、教育課程内（総合的な学習の時間［高等学校では総合的な探究の時間］、キャリア教育、食育等）、さらに教育課程外（放課後のクラブ等）の広がりを有している。

　その結果、ボランティアなどとして学校に関与する人の数も増加している。文部科学省の調査によれば、小学校・中学校段階において「地域の人材を外部講師として招聘した授業」「ボランティア等による授業サポート（補助）」を「よく行った」「どちらかといえば、行った」と回答

した学校は増加傾向にあり、特に小学校では「よく行った」学校の割合
が大きく増えている（全国学力・学習状況調査）。もちろん、同じ人が
年間に何回もかかわる場合もあれば、単発で学校に協力する場合もある
だろうが、それらを総計した延べ回数は、確実に増加しているだろう。

　学校に関与するボランティア（地域住民や保護者、また、遠方からの
外部講師等も含む）の増加は、他方で、その調整にいっそうの労力がか
かるようになっている可能性を示唆している。従来、学校内では、授業
担当者自身や、または管理職（副校長・教頭など）が調整役となること
が多かった。しかし、学校の多忙化が深刻さを増すとともに、ボランテ
ィアのかかわる時間や領域が広がることで、担任や管理職にだけ調整を
負担させることの限界も明らかになってきている。こうしたなかで、コ
ーディネーターの任用など、担任や管理職以外に調整機能を期待する流
れが生まれている。

　コーディネーターとは、物事を調整する業務を担う人のことで、教育
領域に限らず、多くの領域や業界においても存在する。教育において見
てみると、たとえば、就労支援コーディネーター、インターンコーディ
ネーターなどがある。特別支援コーディネーターは、保護者や関係機関
に対する学校の窓口として、また、学校内の関係者や福祉・医療等の関
係機関との連絡調整の役割を担う（多くの場合は、学校の教諭が兼ねる）。
また、コーディネーターという言葉は含まれていないが、スクールソー
シャルワーカーは、社会福祉に関する専門的な知識や技術を有する者で、
発達課題を抱えた児童・生徒に対し、当該児童・生徒が置かれた環境へ
の働きかけや、関係機関等とのネットワークの構築などを行うもので、
福祉と教育にまたがる領域で、各主体の調整を行っており、広い意味で
コーディネーターと呼べるだろう。

　もとより、様々な人が関与し、組織として教育活動が進められるのが

学校である。新たにコーディネーターとして特定の誰かを指名したり任用したりしなくても、学校内で一定の役割分担や連絡調整をがなされることで、組織として機能することも多い。そのコーディネートのために必要な機能が、必ずしも誰か特定の個人によって担われていなくても、それが組織のなかで適切に分有されていればよいからである。

そんななかで、何らかの課題に特化した「○○コーディネーター」に期待が高まるのは、先に述べたような学校の多忙化状況に加えて、それらの複雑な課題に関する学校の対応を高度化させる必要が認識されていることが背景にある。別の言い方をするとすれば、学校の教諭とはまた異なる専門性が様々なコーディネーターたちに期待されているともいえよう。コーディネーターを置くことで、コーディネート機能がよりよく発揮されるという期待が見て取れるのである。

ところで、これまで、意識的に「コーディネーター」と「コーディネート機能」を区別してきたことに気づかれた人も多いと思う。このような区別を行う理由は、「コーディネート機能」（分担や連絡など、人々の調整がはたされるために必要な機能の総称）が重要なのであり、それが最もよく発揮されるにはどうすればよいかが問題の焦点であるという認識を強調したいからである。たとえば、コーディネーターをそもそも置くかどうか、置く場合には、それを個人に委ねるのか、第2節で例示するようなコーディネーターの「チーム」に委ねるのかといったことが検討課題になる。また、コーディネーターを置いたとしても、その人に委ねてしまって、他の関係者が非協力的であれば、コーディネート機能は十分には発揮されない可能性があることへの認識が必要だということにもなる。

学校と地域社会の連携においても、これまでは担任や管理職によってコーディネート機能が担われてきたが、近年では「地域コーディネータ

ー」を配置する例が増えている。以下では、その職務と専門性について
検討を加えていく。

### （2）コーディネーターの配置と求められる職務

　「地域コーディネーター」のうち多くを占めているのは、文部科学省
による「地域学校協働活動」の枠組で活動する人々である。

　類似した取組みは、2008年度[1]に「学校支援地域本部」事業という名
前でスタートした。主には中学校の通学区域など、一定の単位で「本部」
を置き、授業の補助や部活動支援、学校の環境整備等、学校を支援する
ボランティアの体制整備を行うものである。その体制整備の中心にある
のが「地域コーディネーター」であり、国・都道府県・市町村が経費を
出し合って、コーディネーターの活動謝金や、学校とともに行う様々な
活動の予算とするものである。

　先述のように、学校支援地域本部は、2008年度から予算事業として
続けられてきた。2017年には、社会教育法改正に伴い、地域と学校が
連携・協働して行う諸活動が「地域学校協働活動」として社会教育法第
5条第2項に明記され、「地域コーディネーター」も、明確に法律上の
位置づけを持つものとなった（法律上は、「地域学校協働活動推進員」[2]
と呼ぶ。社会教育法第9条の7）。

　もちろん、コーディネーターの配置は、上記の事業に基づくものとは
限らない。教育委員会や学校が独自財源でコーディネーターを依頼する

---

1　同じ2008年に、「放課後子ども教室」が予算化され、放課後の居場所と学習機
会を拡大するため、地域ボランティアの協力を受けた学校での体制づくりが進んだ。
以後、家庭教育支援や、子どもの貧困に対応するための学習教室（地域未来塾）など、
地域のボランタリーな活力を用いるための事業が予算化され、推進されている。
2　なお、本章は、多様な「地域コーディネーター」のなかの1つとして地域学校
協働活動推進員が含まれるという論じ方をしている。これに対し、文部科学省は、
地域コーディネーターと地域学校協働活動推進員との概念を区別した上で、従来、
地域コーディネーター等と呼ばれて活動してきた人を、地域学校協働活動推進員と
して行政委嘱することを推奨している。

ことや、他に本務先を持ちながらコーディネーターを兼任することもある。また、コーディネーターを職としてではなくボランティアとして行う例もあるなど、その任用は多様である。

　次に、地域コーディネーターの広がりについて確認する。文部科学省の調査では、約14,600人が、2014年度においてすでに地域コーディネーターとして活動していたことが示されている[3]。またさらに文部科学省（2021：83）によれば、2020年度時点で、小学校・中学校の約半数に地域コーディネーターが配置されており、その広がりが確認されている。他方、高等学校への地域コーディネーターの配置率は10%未満となっており、学校段階によって濃淡があることも見て取れる。

　ところで、地域コーディネーターは、教育職員免許が必要な教員や、医師免許があって初めてそれを名乗って働くことができる医師と違い、特定の資格や免許の保有を義務づけられているわけではない。地域ごと、学校ごとに活動ニーズが異なることに加え、当該地域の事情に精通していることや、学校との関係性が、特定の専門知よりもむしろ優先されているということも背景にあると考えられる。やや古いが、2009年度の文部科学省委託調査によれば、小中学校におけるコーディネーターの「属性」としては「元PTA会員」「地域住民組織等（自治会等）関係者」「学校評議員・学校運営協議会委員・学校関係者表会員」が上位3つを占めていた（文部科学省、2010：9）。同調査では、コーディネーターが有している資格等に関する設問はないが、このような「属性」から考えると、資格化された専門性は必ずしも重視されているとまでは考えにくい[4]。

　しかし、それはコーディネーターに専門性がまったく必要ないということを意味しない。たとえば、2015年に出された中央教育審議会の答

3　2015年5月19日に開催された中央教育審議会初等中等教育分科会地域とともにある学校作業部会の資料8に示されている。
4　あえていえば、「退職教員、PTA経験者を担い手とする」（西村ら、2014：77）との指摘にあるように、資格という点では、教員経験が小中学校においてやや顕著といった程度であった。

申「新しい時代の教育や地方創生の実現に向けた学校と地域の連携・協
働の在り方と今後の推進方策について」のなかでも、地域コーディネー
ターには「地域学校協働活動の推進に熱意と識見を有する」「地域学校
協働活動への深い関心と理解がある」「地域住民や学校、行政の関係者
とのコミュニケーション能力や、説得し、人を動かす力がある」「地域
課題についての問題提起、整理、解決策の構築等を仲間と共に進めるこ
とができるファシリテート能力にたけている」（p. 56）といった資質が
求められると指摘されている。

　地域コーディネーターの専門性についてより詳細な言語化を試みたの
は、文部科学省の委託により、特定非営利活動法人スクールアドバイス
ネットワークが作成した地域コーディネーターの「育成テキスト」であ
る。それによれば、「地域コーディネーターが身につけるべき基礎的知
識・技能」として、次ページ表4−1のような内容を示している（特定
非営利活動法人スクールアドバイスネットワーク，2013：12）。

　他方、経済産業省も、キャリア教育（第6章を参照）の文脈で、「キ
ャリア教育コーディネーター」の資格化を試みている。この資格認定の
枠組みにおいて、コーディネーターは、「キャリア教育に必要な地域資
源の発掘とネットワークの構築・維持」、「学校や地域・企業等のニーズ
を踏まえたキャリア教育に関するプログラムの開発支援」、「プロジェク
ト運営管理、連絡・調整」の3つの機能を有するとされ、さらにこの3
つの機能は、（1）キャリア教育についての基礎的知識、（2）キャリア
教育コーディネーターの業務と在り方、（3）学校と地域・企業等との
ネットワーク構築方法、（4）産業・地域の現状、（5）学校の現状と課
題、（6）キャリア教育に関するプログラムの開発方法、（7）プロジェ
クトの運営管理に必要な知識・手法、という7つの知識・技能に分類さ
れるという。

表４－１　地域コーディネーターの基礎的知識・技能

| 地域コーディネーターの機能 | 身につけることが求められる基礎的知識・技能 | 項目 | | 研修参加者の目標 |
|---|---|---|---|---|
| 学校教育支援に必要な地域資源の発掘と、地域との円滑な関係づくりによる地域ネットワークの構築・維持 | 学校教育支援の基礎的知識 | 1 | 学校支援地域本部とは | 学校支援地域本部が担うべき役割について理解する。 |
| | | 2 | 子どもたちが抱える課題の理解と、その解決方法 | 社会状況の変化や児童生徒を取り巻く環境の実態を踏まえ、学校・地域・家庭の連携が必要となっている現状について理解する。 |
| | | 3 | 学校が地域と連携することによる効果 | 地域が学校の教育活動を支援することで期待される効果について理解する。 |
| | 地域コーディネーターの役割と業務の理解 | 4 | 地域コーディネーターとは | 地域コーディネーターが担う役割や学校支援地域本部内においての役割分担について理解する。 |
| | | 5 | 地域コーディネーターの機能と業務 | 地域コーディネーターの機能と業務について理解する。 |
| | | 6 | 地域コーディネーターが身につけるべき基礎的知識と技能 | 地域コーディネーターとして活動していく上で必要な基礎的知識と技能について理解する。 |
| 手どもたちの発達段階に応じた育成に役立ち、学校と地域の交流・連携が推進されるような教育活動の企画や提案とその実施支援 | 学校・児童生徒の現状理解 | 7 | 学校組織と教職員の職務の現状 | 教職員との良好な関係を構築するために、学校運営や教職員の職務内容についての概要を理解する。 |
| | | 8 | 児暮生徒の発達段階と現状 | 児童生徒の発達段階に関する基礎知識や、現代の児童生徒の実態を理解し、地域コーディネーターが活動を進める上で配慮すべき事項への視点をもつ。 |
| | 学校・地域とのネットワークづくり | 9 | 地域の教育資源を知る | 地域における教育資源への視野を広げ、ネットワーク構築が必要であることを理解する。 |
| | | 10 | 地域のつながりを持つためにすべきこと | 地域の教育支援人材とのつながりを持つための方法を考える。 |
| | 学校教育プログラム開発支援の方法 | 11 | 教育課程支援の在り方 | 学校の授業は、学習指導要領に基づき成り立っていることを理解し、教育課程支援においては学校・教育支援人材との綿密な相互理解を基に運営する必要があることを理解する。 |
| | | 12 | 事例研究 | 児童生徒の発達段階、活用できる教育資源やはぐくみたい力の違いなどにより、効果的な学習方法を検討する必要があることを理解する。 |
| | | 13 | プログラム開発の方法 | 教育プログラム開発の方法について具体的に理解する。 |
| 教育支援プロジェクトの運営管理・連絡・調整 | プロジェクトマネジメント | 14 | プロジェクトマネジメントとは | 教育支援プロジェクト全体を俯瞰し、その立ち上げから計画、実行、効果測定までのプロセスをマネジメントするための基礎的知識を理解する。 |
| | | 15 | 教育支援プロジェクトをマネジメントするために必要なこと | 地域コーディネーターに特有のプロジェクトマネジメントのポイントを理解する。 |

特定非営利活動法人スクールアドバイスネットワーク（2013）より

　これらは、いずれもコーディネーターの専門性が確立途上という状況のなかで、その知識や能力の在り方について一定の指針を与え、その資質を高めようとする試みであるといえる。

## 2. 地域コーディネーターの活動事例

### （1）コーディネーター事務局の体制

　地域コーディネーターはどのような活動を行っているのだろうか。以下、地域コーディネーターがチームを形成してコーディネート機能をはたしている、三鷹市立第四小学校の事例を紹介する。

　三鷹市立第四小学校では、前章で述べた通り、学校の授業のサポートや、放課後のクラブに年間を通じてボランティアが入っている。その数は、通年で延べ1,000人にもおよぶ年がある。しかし、年間1,000人のボランティアをすべて教員がコーディネートするのは容易ではない。そこで同校では、ボランティアの有志がコーディネーター・チーム（同校では「事務局」と呼ぶ）を作り、ボランティアの調整役をも担うようになっていった。

　事務局スタッフは、10名程度の地域住民や保護者によって構成されている。事務局用の部屋が用意され、スタッフは、毎週、来室し、事務的処理並びに相談・打ち合わせを行っている。経常的に行われる業務は、ボランティアの在籍管理（新規登録・退会の受付）と名札の管理、事前打ち合わせへの立ち会いと事前打ち合わせ欠席者への申し送り、「感想シート」（後述）の取りまとめ、HP等の広報資料作成等である。

　年に1〜数回行われる業務は、新入保護者や転入教職員への宣伝、授業等へのサポート実績の取りまとめや各種データの収集分析、取材対応、学期ごとに行われる教職員との懇談会の運営、各種会議（学校運営協議会等）への委員派遣、ボランティアの交流等である。

　事務局は、職員室の隣室である「スタッフルーム」に位置している。スタッフルームには、パソコン・プリンター等の事務用品、ボランティア実施にかかわる諸資料、書籍等が備えられており、コーディネートにかかわる業務の中心となっている。

　スタッフルームは、様々な意味で重要な意味を持つ「場」となっている。まず、物理的な場所としての意味がある。具体的には、事務処理を行うための機器・物品が備えられていることや、ボランティアが教室に入る前に集合し、荷物を置いておく控室としての意味もある。

　さらに重要なのは、そこに様々な情報が集積していることである。先述の通り、各種資料やデータがスチールラック等に収納してあるが、そのなかには、実際に行われた授業サポートの内容や進め方に関する情報もある。新たに赴任してきた教職員にとっても、こうした蓄積が実践の参考資料となることもあるという。

　また、教職員とボランティアとの一線を引きつつも、密接に学校の教育実践と連携するというスタンスを象徴してもいる。職員室と隣合いながらも、若干の茶菓が用意されているなど、リラックスした雰囲気が感じられる。事務局スタッフは、第一義的には業務として集まるわけであるが、スタッフルームがある種の「居場所」になっているともいえる。

　事務局スタッフには、子どもの卒業年次で見てみると、様々な世代が混在している。スタッフルームという「場」を共にし、様々な事務を共同で実施するなかで、経験豊富なスタッフから、比較的新しいスタッフに様々なノウハウが伝達されていることも重要である。

## （2）コーディネートの「ツール」

　ボランティアの募集に際しては、依頼用の様式を用いる。これには、次の項目が設けられている。教師は、この様式を通して、どのような場

面で、どのようなボランティア活動が必要かを言語化することになる。

| |
|---|
| ・学年　　・教科　　・担当教諭氏名　　　・具体的な支援内容　　　・場所 |
| ・当該単元の中でボランティアを用いる各日についての日付・時限・組・必要人数 |
| ・雨天時の対応　　・ボランティアへの希望　　　・事前打ち合わせの日時 |

　また、ボランティアの「感想シート」も特徴的である。授業に入ったボランティアは、その都度全員記入し、教師へのフィードバックにも用いる。具体的には次の項目が設けられている。

| |
|---|
| ・氏名　　・担当クラス　　　・年月日　　　・科目と単元名 |
| ・児童の様子（「がんばっていたこと」「気になったこと」） |
| ・感想（ボランティアとして困ったこと・嬉しかったこと・等々） |

　感想シートのなかで最も多くの面積を占めるのは、「児童の様子」の記入欄である。教員の授業方法について批評をするのではないというスタンスのもと、あくまで子どもたちの学びの事実についてフィードバックすることが徹底されている。実態に基づいて、今後の授業を考える素材としてこの感想シートが位置づけられていることが見て取れる。教師教育研究においては、このような子どもの学びの事実に関するフィードバックは教師の授業の振り返りにも有効であることが示唆されており（仲田、2008）このツールの重要な意義のひとつとなっている。

　この用紙の下部には、教師が内容を確認したら印を入れる「先生チェック欄」があり、また、特にボランティアが教師からのリアクションを求める場合のために、教師からの返事の要否を記す欄もある。児童の様子を中心とした知識を教員にフィードバックすることは大切だが、それに対して逐一返事や御礼を書く教員もあることは、ありがたい反面申し訳ないということから、チェック形式で省力化を図ったうえで、返信を求める場合、その意志を明確にするという工夫といえる。

## （3）「事務局」によるコーディネートのメリット・デメリット

　このような「事務局」を通じたコーディネートについて、同校では次のようにそのメリットとデメリットを整理している。具体的には、ボランティア募集について「事務局を通すメリット」は、第1に自席にいないことが多い教師は日中に連絡をすることが難しいため、調整役の存在が重要であること、第2に、授業の狙いに沿った新しいボランティアの発掘、紹介ができること、第3にメールやFAX等では伝わりにくい先生・ボランティア双方の希望を、事務局スタッフが直接双方と顔を合わせ、話をすることによって、子どもたちによりよい授業が提供できること、第4にすぐ次の授業に向かわなければならない教師に代わって、事務局スタッフが、授業後、ボランティアとの感想交流に立ち会うことで、ボランティア自身が課題と感じたこと、学校側への要望などを直接聞くことができ、次年度への課題の申し送り、反省点の改善等に役立っていること、第5に、毎年、同じ単元で同じボランティアに来てもらっても、担当する教員は毎年違うのが通常であるが、事務局を通すことで、スムーズな申し送り、課題の共有ができること、とされる。

　他方、「事務局を通すデメリット」も、次のように整理されている。すなわち、1．直接、先生とボランティアとで話した方が早い場合に、二度手間や時差が生じることがあること、2．学校内の事務処理（講師料の支払い等）についての問い合わせには事務局で対応できないため、窓口が一本化できないこと、などである。

　上記の「メリット」・「デメリット」は、あくまで当該地域の文脈のなかでいえることであるが、重要なことは、こうした知見を意識的に導き出し、言語化していることであろう。メリットとデメリットの間には裏腹な関係のものもあるが、双方を考量したうえで、メリットが上回ることから「事務局」スタイルのコーディネートが続けられている。言い方

を変えれば、メリットが上回るようなコーディネートが心掛けられているのである。

## （4）単なる連絡調整にとどまらないコーディネート

　同校のコーディネーターは、連絡調整を超えた様々な活動を行っている。

　ひとつは、潜在的ニーズの発掘である。一般論としては、まず教師がボランティアを募集するニーズを持ち、参加者との調整をするのがコーディネーターであると考えることができる。しかし、そのニーズは、必ずしもあらかじめ存在するとは限らないことの認識が重要である。教師側にあっては、基本的には自分一人で授業ができるという前提で職責をはたしていることから、ボランティアと連携した活動を考案することは、プラスアルファの仕事と捉えられることもある。

　こうしたなか、同校のコーディネーターたちは、ボランティアを活用した学年・教科・単元・その内容を、2004年度から現在まで一覧して整理し、教員の懇談会の資料として教師と共有している（第3章を参照）。これによって、各学年での実施内容が一覧できるだけでなく、毎年行われているものもあれば、近年始まったもの・近年は行われていないものなどの動向も明瞭になり、これまでの到達点を確認したうえで、新たな可能性を考える資料となっている。教師からの相談にのり、どのような専門家を呼ぶか、どこで児童の体験を企画するかなどを共に考え、潜在的ニーズを掘り起こすのである。ここにおいては、学校の教育内容にかかわる一般的な知識（たとえば学習指導要領の内容項目）だけでなく、学校の教育目標や、教師の問題意識、地域における様々な情報といった文脈的知識が重要となろう。

　また、対ボランティアの支援も行っている。これは、活動への不安や

疑問について相談に乗ることであり、フォーマル、インフォーマルに行われている。特に、活動直後に、感想シートを書くなかで、気になることや疑問を共有するとともに、活動で知り得た情報について配慮が必要な部分があればその場で確認し、口外しないように相互に念押しすることなどは、プライバシーの重要性が叫ばれるなかで重要といえる。また、学習会を企画して、子ども理解を深めることも試みている。対ボランティアの支援という側面においても、対人的・情動的側面にまたがる文脈化されたスキルが肝要となっている。

　もちろん、三鷹市立第四小学校の方式が唯一絶対の形態であると言うつもりはない。大切なことは、それぞれの学校や地域の特性に応じた在り方に向けて合意を積み重ねていくことである。本事例は、地域ごとに持続可能なシステムを構築するためのヒントを与えてくれるものと捉えてほしい。

## 3. 地域コーディネーターの今後の課題

　以上からは、地域コーディネーターが、学校教育や社会教育等についての一般的な知識等に加え、文脈のなかで働くスキルを含む、固有の専門性が期待される存在であるということが分かる。そのようなコーディネーターが今後の学校変革のなかで活躍するにあたり、どのようなことが課題になるだろうか。

　第1に、配置や処遇である。文部科学省の資料は、全国都道府県教育長協議会（H31.3）報告書を引用しながら、コーディネーターを配置するうえで課題とされている事柄についての都道府県の教育長の認識をまとめているが、その上位には、「雇用等にかかる経費負担が大きい」、「役割に見合った処遇、環境、条件が整っていない」などの回答が目立つ。専門性を期待するだけ、一定の処遇が求められるが、それだけの財政的

な裏づけをどう保証するのかがひとつの大きな課題となる。十分な処遇がなされないことは、「コーディネーターを担う人材がいない」という状況の要因にもなっていると考えられ、この改善が必要となる。

　第２に、各学校段階に応じた職務や専門性の明確化がある。本章では、概して初等教育から前期中等教育（小学校から中学校まで）のコーディネーターを前提として論じてきた。それは、先述のように後期中等教育（高等学校）でのコーディネーター配置がまだ広がっていないからである。しかし、今後、高等学校においても、「総合的な探究の時間」や、教育課程内外を通じて行われるキャリア教育等の諸場面で、地域の協力者と連携した学習を組織することが一層求められる状況にあることを鑑みると、高等学校での地域コーディネーター配置が課題となっていくと予想される。

　高等学校へのコーディネーター配置においては、固有の課題が予想される。そもそも、地域と連携した学習活動そのものに関して、高校固有の難しさがある。高校における「総合的な探究の時間」の導入・定着過程を分析した見目（2023）では、高校においては、大学受験と活動的な学びとの間に葛藤があることや、地域連携が必要となる「総合的な探究の時間」についても、教科の専門性が高度化・細分化するなかで、教師の足並みを揃えることが必ずしも容易とは言い難いことなどが明らかにされている。こうした状況は、新参者であるコーディネーターへの「抵抗感」と相まって、コーディネーターの活動を困難にすることがあるという。

　しかし、同じ見目（2023）では、コーディネーターの地道な働きかけ、そのなかでも地域連携や「探究」を通じて目指すべき目標の言語化や生徒の成長のフィードバックを重ねることで、教師との共同関係が広がり、教科をまたがる教師の同僚関係を構築するきっかけとなっていることも

示されている。実践事例は、少しずつではあるが、確実に積み上がってきている。多様な実践を踏まえ、高校におけるコーディネーターの職務や専門性を明確化することが求められる。

　第3に、地域コーディネーターの専門性向上の機会をどう保障するかが課題となろう。関連資格の整理に加え、研修や学び直しの機会の提供についての対応が求められる。また、三鷹第四小学校のコーディネーターがチームとなり、支え合ったり、高め合ったりしていたことを想起すると、コーディネーターが相互に経験や知見を交流する機会の提供や、コーディネーター相互のネットワーク化もその専門的実践を支えるひとつの方策となろう。

**研究課題**

1．学校ボランティアとして自らが学校に初めて関与することを想定したうえで、どのような支援がコーディネーターからなされると参加が円滑になるか、考察しなさい。
2．地域コーディネーターの配置状況を、居住自治体や近隣の学校などを例にして調べ、どのような背景を持つ人が活動しているかまとめなさい。

## 参考・引用文献

経済産業省（2008）「キャリア教育民間コーディネーター育成・評価システム開発事業報告書：キャリア教育コーディネーター育成ガイドライン」

見目友香（2023）「高等学校の『探究』の導入・定着過程にコーディネーターが参画する意義は何か―高等学校の多様性と共通性に着目して―」法政大学大学院キャリアデザイン学研究科修士論文

特定非営利活動法人スクール・アドバイス・ネットワーク（2013）『学校と地域をつなぐ地域コーディネーター育成テキスト』

仲田康一（2008）「学習参加による父母―教員間インタラクションと教員の専門知の関係についての考察」『日本教師教育学会年報』17 巻、pp. 62-72

西村吉弘・西村彩（2014）「学校支援地域本部事業における地域コーディネーター支援と活動の継続性―栃木県佐野市 B 中学校区学校支援地域本部事業の事例から―」『日本学習社会学会年報』10 巻、pp. 77-87

文部科学省（2021）『学校と地域の新たな協働体制の構築のための実証研究実施報告書第 II 部～コミュニティ・スクールの運営・意識・取組等に関する基礎的調査 報告書～』

# 5 | 学校の教育課程と地域社会（1）
## 地域独自の教育課程

仲田康一

《**目標＆ポイント**》 本章では、学校の教育課程について、標準性と多様性という2つの要請を確認したうえで、学習指導要領の時数枠組を組み換えることで地域独自教育課程を可能にする制度として、教育課程特例校制度、授業時間特例校制度、小中一貫特例などについて理解し、その意義と課題を論じることができるようになる。

《**キーワード**》 教育課程の標準性と多様性、教育課程特例校制度、授業時間特例校制度、小中一貫特例

## 1. 学校における教育課程の標準性と多様性

### （1）学校の教育課程の標準性

　教育課程とは、一般的には、学習者の望ましい成長発達を保障するために、学校で行う教育的な働きかけやその内容に関する計画を意味する。文部科学省は、学校教育の目的や目標を達成するために、教育の内容を児童・生徒の心身の発達に応じ、授業時数との関連において総合的に組織した各学校の教育計画と定義している。学校は、組織的、体系的に教育を行うものであるが、その教育計画である教育課程は「学校経営の中核的事項」と呼ばれることもある。

　学校の教育内容には、標準性と多様性という2つの要請がある。標準性というときには、公教育として営まれることに起因して、一定の全国的な水準の確保が求められるということを意味する。他方の多様性というときには、児童生徒や、地域の多様性を踏まえ、その実態に合わせた教

育が、学校や教師の創意工夫に基づいて行われることの要請を意味する。

　標準性と多様性の間には当然ながら緊張関係がある。それらをいかにバランスさせるか。以下ではまず、日本の学校教育における制度を、標準性の確保に注目して確認しておこう。

　第1に、教科等のラインナップが国レベルで規定されている。たとえば小学校を取り上げると、教科としては国語、社会、算数、理科、生活、音楽、図画工作、家庭、体育および外国語の 10 教科であり、この他に、特別の教科である道徳、外国語活動、総合的な学習の時間並びに特別活動が学校教育法施行規則に列挙されている。これが、小学校の時間割に示されるものである。

　第2に、授業時間数も、国レベルで定められている。小・中学校においては、「標準授業時数」と呼ばれるものがある。各教科等の指導の質を担保するための量的な枠組として設定されているもので、各教科について、それぞれあらかじめ規定された授業時間数を年間を通じて指導するものとされている。高等学校においても、各教科・科目に対して標準単位数が定められ、50 分 × 35 週に相当する授業を 1 単位として計算することを標準とすると定められている。

　第3に、教科等における指導内容については、学習指導要領において定めている。学習指導要領は、全国的に一定の教育水準を確保するなどの観点から、各教科等の目標や大まかな内容項目を定めている文書である。告示という法形式で発出され、法的拘束力を持つとされている。

## （2）教育課程の多様性

　他方、全国一律に、すべて同じ授業が展開されることは、現実的に想定しにくいし、また、教育上ふさわしいともいえない。これにかかわって、先に、学習指導要領が定めるものが「大まかな内容」であると述べ

たが、この「大まかな」という部分が重要である。

　旭川学テ事件最高裁判所大法廷判決によれば、国が教育内容を定めることそのものは否定しないものの、教師が「公権力によって特定の意見のみを教授することを強制されない」こと、また、「子どもの教育が教師と子どもとの間の直接の人格的接触を通じ、その個性に応じて行われなければならないという本質的要請」を有することを踏まえ、「具体的内容及び方法につきある程度自由な裁量が認められなければならない」ことを確認している。そのうえで、学習指導要領が決定する内容については、「教師の創意工夫の尊重」「教育に関する地方自治の原則」を考慮し、「機会均等の確保と全国的な一定の水準の維持という目的のために必要かつ合理的と認められる」範囲の「大綱的」な基準であることを求めている（1976年5月21日判決・民集30巻5号）。

　そもそも、個々の教科等の実践においては、学校や地域の実態に合わせて営まれるべき部分は少なくない。義務教育段階は多くの場合地域の学校に就学することに加え、とりわけ、小学校では通学区域と児童の生活圏とが大きな重なりを持つことから、その教育においては地域との連携が図られるのは当然ともいえる。小学校の学習指導要領を見ると、生活科では「身近な人々、社会及び自然」、社会科では「身近な地域」、理科では「身の回りの生物」「身近な動物や植物」といった言葉がたびたび登場する。各地の教育委員会が独自の副教材を作成している例も少なくない。地域の文化、産業、自然を授業内容に取り入れたり、地域の個人や団体・組織との交流がなされたりすることが、各教科の指導が豊かに展開されるために必要となる。

　以上のように、教科・科目のラインナップや、その標準的な時間数、そして内容項目について一定の全国的基準を定めつつ、個々の学校が地域の特性に応じた教育課程を定めるとともに、子どもや地域の実態に即

して個々の教師が創意工夫に基づいた裁量を発揮することで、多様性が確保されるというのが、日本における教育課程の大まかな制度デザインであるといえよう。

　もちろん、これは一般論であり、実態としては標準性優位の状況が続いてきたとの指摘も多い。2000 年に教育経営学者の岩永定が指摘したのは、学歴社会化に伴う一元的能力主義体制の下で「競争の構造」が生じ、保護者・教師・子どもがそこに巻き込まれていること、学習保障のために自己改善を遂げるべき学校が、文科省─地方教育行政─学校という「縦の関係」の下で自律性を弱体化させているということであった（岩永，2000）。「中央の国による規制力が強かったため、県や市町村の教育委員会がそれぞれの地方の特色や施策から、何らかの強調点を打ち出そうとしても、出せなかったという実情もあった」との指摘もなされていた（安彦，2006）。

　時代が下り、地方分権が進んだり、偏差値序列による「競争の構造」が幾分か緩和されてきたともいわれる現在にあっても、2007 年に開始された全国学力・学習状況調査により学校間・地域間の新たな「競争の構造」[1]が生み出され、そのなかで、指導内容が学力調査内容に収斂するという「標準化」が生じている可能性もある。また、教師の多忙化が深刻化するなかで、「創意工夫」をするための準備時間が確保しにくいという問題もあろう。標準性と多様性のバランスは、単なる時数の問題だけで語りつくすことはできず、今後も議論の焦点になるイシューになりうる。

## 2. 教科枠組の組み換えによる地域独自教育課程のデザイン

　さて、以上のような制度原則を確認したわけだが、近年にあっては、

---

1　たとえば、NHK の記事「全国学力テストで『事前対策』小学校現役教員が実態など証言」では、各地で全国学力・学習状況調査への準備が行われていることを報じている。それだけ、学力テスト結果が各地域・学校において重要な意味を与えられ、その結果に対してナーバスな状況が作られていることの現れであろう。
https://www3.nhk.or.jp/news/html/20221021/k10013865631000.html

国レベルで定めた基準によらない教育課程の編成が一定の条件の下で可能となり、地域ごとの教育課程デザインのための選択肢となっている。これについて、本節で論じていく。

　振り返ると、1976年には、研究開発学校という仕組みが導入されている。これは、指定された学校に対して学習指導要領の枠を超えた教育課程の編成を認めることで、指定校が様々な教育内容や方法に取り組むことができるもので、文部（科学）省によって実施されてきた。この仕組みは、「小学校、中学校、高等学校、中等教育学校、幼稚園及び特別支援学校の教育課程の改善に資する実証的資料を得るため」という目的に強く規定されており、指定にあたってはその観点で審査がなされている[2]。このため、研究開発学校制度においては、地域ごとの教育課程デザインのための選択肢という要素は、必ずしも前面に出てくるものではなかった。

　しかし、その後の様々な制度改革を経て、現在では学習指導要領の枠組みの組み換えを通じ、地域や学校の独自性を反映した教育課程をデザインすることが制度的な選択肢となりつつある。

　以下、（1）教育課程特例校制度・授業時間特例校制度、（2）小中一貫教育特例を取り上げ、概説する。

## （1）教育課程特例校制度

　第1に取り上げるのは、教育課程特例校制度である。これは、その名が示す通り、許可を受けた地域（教育委員会）や学校法人について、全国一律の規制とは違う教育課程を認める制度である。研究開発学校と同じように学習指導要領等の基準によらない教育課程を設定できるものだが、「学校や地域の実態に照らしてより効果的な教育を実施するため」という目的に沿って、選択的に用いられるものである。

---

2　「学習指導要領改訂を見据えた実証的資料としての有用性」等が審査項目に入っているのはその証左であろう。

　教育課程特例校制度は、構造改革特別区域（構造改革特区）を利用し、地方自治体が独自の教科を設定することを許容する仕組みを前身としている。構造改革特区は、国の規制を地域限定で緩和し、当該地域の活性化を図ろうとするものである。2002 年の 7 月に総合規制改革会議が公表した「中間とりまとめ」の中には「学習指導要領等の基準を上回る教育内容の設定や、小中一貫教育などのコースの設定」等が提言され、それに沿う形で 2003 年には構造改革特別区域研究開発学校設置事業が開始された。これは、「当該地域における学校教育の活性化を図り、教育課程の改善に資する」ことを目的に「学校種間のカリキュラムの円滑な連携や教科の自由な設定等」の特例的な教育課程編成を認めるもので、青木の集計によれば、2003 年 4 月から 2005 年 5 月の間に 59 件、2005 年 9 月から 2008 年 1 月の間に 48 件の認定が行われたという（青木，2011：46）。

　ところで、構造改革特区による特例は、それが特段の問題を生じていないと判断された場合、全国展開されることとされていた。上記事業についても評価が行われ、2007 年の学校教育法改正によって全国展開されたのが教育課程特例校制度である。

　文部科学省の資料によれば、2022 年 4 月現在、教育委員会や学校法人等の管理機関の数としては 211 件、学校の数としては 1,823 校で実施されており、設定されている新教科は、おおむね以下のような傾向にあるという。

　●学校や地域の実態に照らした新教科等の設定
　　（例）北海道羅臼町：理科、生活科、総合的な学習の時間等を削減し、新教科「知床学」を設定
　　（例）大阪教育大学附属池田小学校：生活科、特別活動、総

　　合的な学習の時間を削減し、新教科「安全科」を設定
●既存教科を英語で実施（イマージョン教育）
　　（例）私立西大和学園中学校・高等学校：音楽・体育の一部
　　を英語で実施
●学校段階間の連携による教育
　　（例）東京都立川市：特別活動や総合的な学習の時間等を削
　　減し設定した新教科「立川市民科」により、小・中学校が
　　連携した学習活動を実施

　このように、各地で独自の新教科を設定するわけだが、新教科を設定
する時間を生み出すために、別の教科等の時間を削減する必要が生じる。
この点について、文部科学省は以下の図のような条件を設けている。第
1に総授業時数が確保されていること、第2に新教科αを設けるために

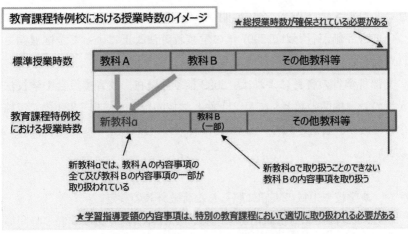

**図5－1　教育課程特例校における授業時数のイメージ**

出典：文部科学省 HP 教育課程特例校の概要

教科 A や教科 B といった他教科の時数を削減した場合でも、A や B において必要な内容事項が新教科のなかで取り扱われることなどである。すなわち、学習指導要領の必須内容はカバーしつつ、組み換えを行うことで新たな教科枠を生み出すことが趣旨であることが分かる。

　なお、これに類似したものとして、授業時間特例校制度というものもある。こちらは新教科の設定を伴わず、既存の教科等のなかで時間を増減させ、教科等横断的な視点に立った資質・能力の育成や探究的な学習活動の充実に資するものとしている。

　文部科学省の資料によれば、2022 年 4 月現在、教育委員会や学校法人等の管理機関の数としては 18 件、学校の数としては 28 校で実施されており、以下のような取組みがなされているという。2021 年に開始したばかりであり、今後の展開と検証が求められているものであるが、これも、教育課程特例校とともに、地域ごとの授業時間の組み換えの選択肢となりうるだろう。

- ●埼玉県戸田市（中学校）：問題発見・解決能力、論理的思考力、コミュニケーション能力等の育成のため、総合的な学習の時間の授業時数を増加。
- ●京都府京都市（義務教育学校）：伝統文化教育等の充実のため、音楽科の授業時数を増加。
- ●宮崎県宮崎市（中学校）：環境教育、食育、STEAM 教育等の充実のため、総合的な学習の時間の授業時数を増加。
- ●私立星美学園（小学校）：国際的・平和的な世界の担い手教育の充実等のため、国語科、道徳、外国語活動、総合的な学習の時間等の授業時数を増加。

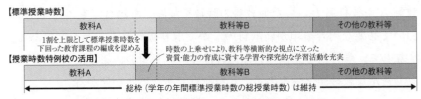

**図5-2　授業時数特例校における授業時数のイメージ**

出典：文部科学省 HP 授業時数特例校の概要

## （2）小中一貫教育特例制度

　小中一貫教育は、小学校6年間と中学校3年間という9年間を一貫したものとして体系化し、小学校・中学校間の接続の改善を企図した教育改革の総称であり、教育課程上の接続や、子どもや教員組織の交流・連携といった比較的ソフトな改革から、学校施設の連携・一体化といったハード面におよぶ改革、さらには戦後の義務教育制度の基本となってきた6・3制の変更という学制改革までを、その射程に収める概念である。こうした概念の広さゆえ、本章の趣旨からは幾分離れた内容にも触れることになるが、地域独自の教育課程という観点に収斂するよう整理する。

　まず、小中一貫教育の経緯から確認する。初めて導入したのは、2000年に研究開発学校の枠組みを用いてそれを実施した広島県呉市だったといわれる（佐藤, 2021）。呉市では、小学校・中学校の9年間を前期（4年）、中期（3年）、後期（2年）に区切るとともに、中期には一部の教科で教科担任制を導入することにした。

　さらに、（1）でも触れた構造改革特区における研究開発でも小中一貫教育が進められた。2007年3月当時、構造改革特区による研究開発は99自治体が認定されていたが、そのうち「小学校の英語教育」について認定されたものは81件、「小中連携」について認定されたものは67件であったことから、その多くが小学校と中学校の間の接続を見直

すものだったことが推察される[3]。

　その後、前述の教育課程特例校制度ができたことで、小学校と中学校を通じて学ぶ新教科の設定や、小学校からの英語教育などを通じて小学校と中学校の連携を進める自治体が増えてきた。

　さらに画期となったのは、2016年4月1日に施行された学校教育法（関係政省令、告示の施行を含む）の改正である。これは小中一貫教育についての制度的枠組みを整理したもので、①「義務教育学校」という新しい学校種別（1人の校長、1つの教職員組織の下で運営される学校であり、義務教育9年間を一貫して就学させる学校）を導入するとともに、②「小中一貫型小学校・中学校」といって、既存の小学校・中学をそれぞれ独自の組織として維持ながら一貫した教育課程編成の工夫を行う仕組みとともに、小中一貫教育と位置づけた。

　本章との関連で重要なのは、教育課程上の特例を設置者の判断で実施することが認められるということである[4]。前項の教育課程特例校制度の場合は文部科学省への申請と大臣指定が必要だったが、それを市町村教育委員会などの設置者判断でできるということだ。小中一貫教育の軸となる新教科等の創設や、学年段階間・学校段階間での指導内容の入替え、また、「4−3−2」や「5−4」などの学年段階の区切りを設定することも可能になる。文部科学省の「手引」は、こうした小中一貫に伴って認められる特例的な教育課程編成について以下のような項目を例示している（文部科学省，2016：42）。

---

3　中央教育審議会初等中等教育分科会 教育課程部会（第4期）第10回（2007年9月18日）配付資料7−2「構造改革特別区域研究開発学校設置事業について」より。1つの自治体が複数の項目にまたがって取組みを行っているため、重複計上されることから、和が99とならない。
4　なお、異なる設置者（たとえば、異なる市町村教育委員会）が設置する小学校と中学校が連携して一貫教育を実施している場合、学年段階間・学校段階間での指導内容の入替えを行うことは、教育委員会単独の判断では認められていない。

【小中一貫教科等の設定】
・小中一貫教育の軸となる独自教科等（小中一貫教科等）の実施
・小中一貫教科等による他の各教科等の代替
・小中一貫教科等の授業時数による他の各教科等の授業時数の代替

【指導内容の入替え・移行】
・小学校段階及び中学校段階における各教科等の内容のうち相互に関連するものの入替え
・小学校段階の指導内容の中学校への後送り移行
・中学校段階の指導内容の小学校への前倒し移行
・小学校段階における学年間の指導内容の後送り又は前倒し移行
・中学校段階における学年間の指導内容の後送り又は前倒し移行

## （3）地方独自教育課程の課題

　以上、教育課程特例校制度と小中一貫養育特例制度に焦点を当てて、学校・自治体独自の教育課程編成の可能性について見てみたが、これらの課題について若干の考察を加えておこう。

　武井らは、地方教育委員会による独自教科の設定は、「ナショナル・スタンダード」に加え「ローカル・スタンダード」の明確化であるとする。このようなローカル・スタンダードは、市町村ごとの独自色を生み出すものである一方、特にふるさと学習のように他の地域に類例を見つけにくい「非規格化」の教科が導入された場合、教師たちの経験が必ずしも十分であるとはいいにくく、いきおい教育委員会の指導に頼る傾向を生むなど、教師の裁量を狭めうると指摘する。他方、教師が個人としてその教科を担当することの難しさゆえ、学校の同僚と話し合いが持たれる可能性が高まるとも指摘し、そのなかで学校独自の実践が生まれる

傾向にあるとも指摘する（武井ら，2013）。

　教育委員会が教師の自律性を認めず、教師たちの裁量が失われたまま
ならば、いくら地方独自の教育課程が設定されても、その意義は十分に
は発揮されないだろう。武井ら（2013）が示唆するように、新しく、他
に類例のない教科を導入するからこそ、教師相互のネットワークのなか
で、活発な意見交換や実践の交流がなされることが必要となるのである。

## 3. 熊本県産山村における地域独自教育課程の展開

　本節では、熊本県産山村における教育改革を取り上げ、地域独自教育
課程の実相に迫る。

　熊本県阿蘇郡産山村は、九州のほぼ中央部に位置し、人口が 1,411 人
（推計人口 2022 年 12 月）、標高 480 〜 1,050m の高原型の小さな農山村
である。総面積は 60.80km² で、その 8 割以上を山原原野（改良草地を
含む）が占めている。基幹産業は、農業・畜産業と、観光施設を生かし
た観光業である。

　産山村は、1980 年代頃を起点として、海外（タイ国）との交流、海
浜部の学校との交流、学社融合事業、放課後子ども教室、子どもヘルパ
ー事業、土曜授業、2 学期制など、様々な取組みを進めてきた。「高齢
化率の上昇と人口減少のなか、魅力ある村づくりを目指すという地域自
立促進」という基本方針の下「人が地域を創る」との考えに立った「人
材育成の推進」を重視していた（産山村立産山小学校・産山中学校、
2008：1）。「国の動向に従い、村の実態に応じた教育改革」（産山村、
2006：1）を掲げた産山村では、国レベルで導入された制度メニューを
積極的に利用し、村としての教育体制構築につなげてきた。

　大きな画期となったのは、村内の小学校と中学校を統合し、それらを
合同した新校舎が落成する 2007 年度であった。これに合わせ産山村で

80

は小中一貫教育を中心とした村独自教育課程の編成を行うようになった。構造改革特区から教育課程特例校制度への変更、さらには小中一貫特例制度の追加という形で国の制度メニューに変更がなされたことに伴い、産山村が利用する制度も変わってきたが、当初作られた教育課程の骨格はおおむね維持されている。

　現在、統合された学校は、義務教育学校「産山学園」として運営され、義務教育9年間の児童生徒を擁するひとつの学校組織となっている。小1から小4を1stステージ、小5から中1を2ndステージ、中2と中3を3rdステージとし、それぞれの「連続性」と「節目」を意識している。小学校と中学校が同じ教員組織となり、小学校5年から教科免許を有した教員による教科担任制指導も進められている。

　村独自教科は、次の3教科である[5]。第1に、「ヒゴタイイングリッシュ」という小学校から9年間の系統化された英語教育が行われている。第2に、「うぶやま学」といって、生活科や総合的な学習の時間の要素を持つ、地域の自然・文化・産業等と連携した体験型の教科がある。第3に、チャレンジ学習である。これは、国語と算数・数学について、児童・生徒が目標を設定し、複数の教員で指導を行いつつ、各種検定（算数・数学検定、漢字検定、英語検定）にチャレンジすることを目指すものである。時数は、表5－1にまとめた通りであり、これらを実施するため、総合的な学習の時間を組み換えるとともに、2学期制の採用や、土曜授業実施によって追加した時数を充てている。

　以下では、「ヒゴタイイングリッシュ」と「うぶやま学」、さらにはそれらを支える学校と地域社会との連携について詳述する。

## （1）ヒゴタイイングリッシュ

　産山村では、タイ国との交流を「ヒゴタイ交流」[6]として長らく行って

---

5　2012年度までの動向については、仲田（2013）に詳しい。
6　「肥後」と「タイ」という地名、そして産山村に自生する絶滅危惧種指定された高原花「ヒゴタイ」になぞらえて命名された。

表 5 － 1　産山村の教育課程（2022 年度）（太字部分が特例部分）

| | | 前期課程 | | | | | | 後期課程 | | |
|---|---|---|---|---|---|---|---|---|---|---|
| | | 1st ステージ | | | | 2nd ステージ | | 3rd ステージ | | |
| | | 1年<br>（小1） | 2年<br>（小2） | 3年<br>（小3） | 4年<br>（小4） | 5年<br>（小5） | 6年<br>（小6） | 7年<br>（中1） | 8年<br>（中2） | 9年<br>（中3） |
| ヒゴタイ<br>イング<br>リッシュ | 英会話科 | **20** | **20** | **20** | **20** | **35** | **35** | **35** | **35** | **35** |
| | 外国語活動<br>英語科 | - | - | 35 | 35 | 70 | 70 | 140 | 140 | 140 |
| うぶやま学 | | 34 | 35 | 45 | 45 | 45 | 45 | 45 | 45 | 45 |
| チャレンジ学習 | | 25 | 25 | 25 | 25 | 25 | 25 | 25 | 25 | 25 |

産山村提供資料より筆者作成

いたが、ヒゴタイイングリッシュはその経緯のうえに導入された。「英語を通して会話や外国文化に対する理解を深めるとともに、人とのふれあいを大切にしながら積極的にコミュニケーションを図ろうとする態度の育成」（産山村立産山小学校・産山中学校，2008：6）をねらいとし、9 年間を見通した「英会話科」と、小学校 6 年からの「英語科」の先取りによって構成されている。「英語科」では構造改革特区を利用して、中学校の教科書を用いて、教科担任制で実施してきた（なお、現在は英語科が学習指導要領上も小学校の教科となったため、その部分は特例ではなくなっている）。「ヒゴタイ交流」と呼ばれるタイ国生徒との交流においては、産山村は夏休み・タイ国は 10 月に、それぞれの長期休業を利用して家庭に 3 週間ホームステイし、授業、各種行事、小旅行に参加する。この国際交流を核に、読む・聞く・話す・書くの確かな習得を目指している。

## （2）うぶやま学

「うぶやま学」は、「学社融合事業、地域ボランティア活用事業、総合的な学習の時間等で培ってきた産山村における特色ある活動をキャリア教育の視点で体系化し、地域との連携や地域人材等の活用を通して」行う「体験を重視した学習」である（産山村立産山小学校・中学校, 2008：10）。「子どもたちの情操を豊かにするとともに、多様な学習活動を行い、産山に誇りを持ち、将来の自己の生き方を考えていくこと」をねらいとしている。

その具体的な活動計画を、2022 年度を例にとって示したのが以下の表5 - 2である。そのすべてを紹介することはしないが、うぶやま「で」「を」「に」「は」学ぶという形で4段階のテーマ設定をしながら、村の自然・文化・産業等と交流しながら学習が進行するようにできていることが見て取れるだろう。

最終学年の9年生（中学3年生に相当）では、「子ども議会」で村執行部に政策提言をする。2011 年には「美しい星空は村の宝」と訴え、2016 年の天文台設置につなげた。また、2018 年には村の山鹿地区を流れる一級河川の名称を旧来の「山鹿川」に戻すよう提案し、実現した。政治・行政を通じた村づくりに触れることで、住民自治の学習ともなっている。

## （3）地域社会との連携と教育委員会の支援

こうした取組みは、学校だけで完結するものではなく、地域社会の様々な人や団体が協力することで成り立っている。具体的には、保護者や、地域の団体・機関・住民によって組織される4つの「コミュニティ」がこれを支えている。

第1に「交流コミュニティ」で、ヒゴタイ国際交流、海山交流、国際

表 5 - 2　2022 年度「うぶやま学」年間指導計画

| | テーマ | | 全体活動 | | 時数 | 学年の活動<br>（　）内は連携対象 |
|---|---|---|---|---|---|---|
| 小1 | うぶやまで学ぶ<br>（うぶやま探検） | 地域自然 | さつま芋 | 茶摘み | 34 | ・外へ行こうよ<br>・葉っぱの色がかわったよ<br>・冬が来たよ（地域人材等） |
| 小2 | | | さつま芋 | 茶摘み | 35 | ・私の村探検<br>・生き物を飼おう<br>・村の人々となかよくなろう<br>（地域人材等） |
| 小3 | うぶやまを学ぶ<br>（産山の自然とくらし） | 人とくらし | 椎茸 | 茶摘み | 45 | ・うぶやまの農業を考えよう<br>（地域人材等）<br>・うぶやまの名所をめぐろう |
| 小4 | | 草原 | 野菜 | 子どもヘルパー活動 | 45 | ・草原とわたしたち<br>・子どもヘルパー活動<br>（社会福祉協議会） |
| 小5 | | 人権環境 | 米 | エコ | 45 | ・水俣に学ぶ肥後っ子教室<br>・米作り<br>・子どもヘルパー活動<br>（社会福祉協議会） |
| 小6 | うぶやまに学ぶ<br>（うぶやまの生き方） | 平和福祉 | 修学旅行 | | 45 | ・平和学習<br>・子どもヘルパー活動<br>（社会福祉協議会） |
| 中1 | | 福祉 | SDGs | | 45 | ・うぶやまの福祉<br>（社会福祉協議会・インターワーク） |
| 中2 | うぶやまは学ぶ<br>（うぶやまと私たちの未来） | 人権仕事 | 修学旅行<br>伝統と未来<br>ヒゴタイ交流<br>ヒゴタイ太鼓<br>浦安の舞 | | 45 | ・うぶやまで働く<br>（各事業所等）<br>・現地に学ぶ人権学習等 |
| 中3 | | 未来 | | | 45 | ・うぶやまの未来を考える<br>・子ども議会<br>（村当局，地域人材等） |

産山村教育委員会・産山村立産山学園からの資料をもとに作成。若干のレイアウト修正を行った。

理解教育などの交流活動を支援し、伝統文化の理解や国際協力を支援する。第2に「体験コミュニティ」で、子どもヘルパー活動、福祉体験活動、職場体験学習、農業体験学習など、福祉や進路にかかわる児童・生徒の体験活動を支援し、暮らしや生き方を考えることを支援する。第3に、「文化・安全コミュニティ」で、ヒゴタイ太鼓・浦安の舞、少年消防隊、登下校安全など、村の伝統・文化を伝え、また、村の地域安全を守る。第4に「学習支援コミュニティ」で、子ども議会、地域学習・環境学習、読み聞かせ、食育などを支援する。これらを「産山村地域学校協働活動コーディネーター」が調整するという形式である。

　これらは、管理職と全教職員が参加する村教育研究会によっても支えられる。これまで述べてきたような様々な施策は、教育委員会からの提案を受け、村共育研究会で研究し、方法が検討されたうえで導入されてきた。このように、教育委員会のリーダーシップと現場とを遊離させることなく実施してきたことが、様々な施策を円滑に行ううえでのポイントだろう。村教育研究会が、在任者から新任者への説明も担うことで、初めて勤務する教職員の支援も行っている。地方独自の教育課程を導入する場合には、「市町村教委がイニシアティブをとって教員相互のネットワークを築くことが求められよう」とする武井ら（2013：178）の指摘は、産山村における教育研究会の重要性によって、その的確性が例証されている。

## 研究課題

1. 教育課程特例校について、全国の事例が文部科学省のHPに掲載されている。複数の事例を取り上げ、新しく設定された独自教科の内容

を、自治体や学校のHP等によって検討し、その内容の特徴を分析し
なさい。

2．小中一貫教育を進めることのプラス面とマイナス面は何か、考察し
なさい。

3．教育課程の全国的な標準性を柔軟化し、自治体ごとの多様性を増し
ていくことが、教師の教育実践の自由を拡大するか否か、考察しなさ
い。

## 参考・引用文献

青木純一（2011）「構造改革特区、教育分野の『規格化』とその背景」『日本教育政
策学会年報』18号、pp. 40-52

安彦忠彦（2006）『改訂版 教育課程編成論』放送大学教育振興会

岩永定（2000）「父母・住民の経営参加と学校の自律性」日本教育経営学会編『自
律的学校経営と教育経営』玉川大学出版部、pp. 240-260

産山村（2006）『教育改革特別区域計画』

産山村立産山小学校・産山中学校（2008）『研究紀要 We have a dream 産山村教育
改革〜小中一貫教育の取組』

佐藤史浩（2021）「小中一貫教育校の制度化過程の分析」『宮城學院女子大學研究論
文集』123号、pp. 1-18

武井哲郎、梅澤希恵、町支大祐、村上純一（2013）「教育課程特例校制度の影響と
課題；教育委員会の意図と学校・教員の実施状況に着目して」『教育制度学研究』
20号、pp. 167-182

仲田康一（2013）「教育委員会と学校の連携による小中一貫カリキュラムの開発：熊
本県産山村における教育改革の展開から」東京大学大学院教育学研究科教育行政学
研究室編『教育行政学論叢』33号、pp. 247-256

# 6 | 学校の教育課程と地域社会（2）
## 総合的な学習の時間

仲田康一・柏木智子

**《目標＆ポイント》** 学校ごとに教育内容を設定し、地域社会と連携しながら探究的な学習を展開する枠組みである「総合的な学習の時間」について、その概要、経緯、趣旨について把握するとともに、意義と課題を考察する。さらに総合的な学習の時間で頻繁に行われる地域学習やキャリア教育についての意義や課題を理解し、具体的な事例をもとに実践の可能性を把握する。
**《キーワード》** 総合的な学習の時間、総合的な探究の時間、「新しい能力」、地域学習、地域の教材化、キャリア教育

## 1. 総合的な学習の時間

### （1） 総合的な学習の時間の概要

前章で述べたように、学校では、様々な形で、地域の自然・文化・産業等を取り込んだ多様な取組みがなされているが、各教科においては、学習指導要領や教科書の存在により、大きな枠組みがあらかじめ規定されているため、地域社会との連携についても、ある程度、限定的にならざるをえない。

これに対して、学校ごとに異なる取組みが行われることをあらかじめ期待しているのが、総合的な学習の時間である[1]。

一例として、小学校学習指導要領を見てみると、国語などの「教科」については、「第1 目標」「第2 各学年の目標及び内容」「第3 指導計画の作成と内容の取扱い」という項目順で記載されている。これに対し、総合的な学習の時間は、2番目の項目名が「第2 各学校において定める目

---

1 なお、高等学校では、総合的な探究の時間と改称された。本書では、総合的な学習の時間と総称し、特に高等学校に言及する場合は総合的な探究の時間と限定して論じることとする。

標及び内容」となっており、目標と内容を「各学校において定める」としている。「教科」と異なり、学年ごとに学ぶべき内容を詳述しているわけでもなく、各学校における裁量の発揮を前提としていることが分かる。

　読者においては、学習指導要領を紐解き、他の教科等における記述とくらべてみてほしい。「内容」を定めた部分の記述が他の教科等よりも相当に短いことが分かるはずである。総合的な学習の時間には教科書もない。このように、国で規定する内容が少なく、その分、学校ごとに地域の特色を踏まえた教育内容を組織することが求められるのが、総合的な学習の時間なのである。

## （2）総合的な学習の時間の経緯とその趣旨

　総合的な学習の時間は、いかなる経緯で導入されたのだろうか。

　日本の学校教育のなかで「総合学習」という言葉は大正時代から使われている。生活から遊離した学校教育への問題意識を前提に、生活のなかで生まれる子どもの興味や関心を突き詰め、教科学習の認識と統合していく実践が取り組まれてきた（たとえば、丸木ら，2001 を参照）。このような実践の蓄積に源流を見出すことができる。

　他方、政府においても、従来の教育課程では子どもの現状や社会の要請に応えられないとの認識の下、教科のほかに「総合的な学習の時間」を導入しようという動きが生まれていった。その契機となったのが、本書第 3 章でも取り上げた 1996 年の中央教育審議会「21 世紀を展望した我が国の学校教育の在り方について（第 1 次答申）」である。同答申は、「生きる力」という、現在まで引き継がれている概念を提示したことで知られている。「生きる力」とは「いかに社会が変化しよと、自分で課題を見つけ、自ら学び、自ら考え、主体的に判断し、行動し、よりよく問題を解決する資質や能力」であり、同答申は、これを「変化の激し

いこれからの社会を［生きる力］と称する」とした。そして、「生きる力」
を育てることは「社会の変化に適切に対応することが求められるととも
に、自己実現のための学習ニーズが増大していく、いわゆる生涯学習社
会において、特に重要な課題」と述べた。

　そのうえで同答申が提案したのは、知識の習得にかたよりがちであっ
た教育を改め、各教科の教育内容を厳選することと同時に、それによっ
て生み出されるまとまった時間を「総合的な学習の時間」とすることで
あった。言い換えれば、国レベルで規定する教育内容の割合を減らし、
学校単位で「総合的な学習の時間」の内容を決定するものとしたのであ
る。その結果、各学校には、「国際理解、情報、環境のほか、ボランテ
ィア、自然体験などについての総合的な学習や課題学習、体験的な学習
等」を用意し、「子どもたちの発達段階や学校段階、学校や地域の実態
等」に応じた「創意工夫」が求められるようになったのである。

　総合的な学習の時間が導入されたこのような経緯を踏まえると、いく
ら多様性へのモメントが強いとはいえ、その内容設定はまったくの自由
に委ねられているわけではないことも分かる。少なくとも、「総合」と
いう名前が示す通り各教科等を超えた横断的・総合的な学習を組織する
ことと、子どもたちが体験的・探究的・協働的な学習を行えるようにす
ることは重要であろう。また、その際に地域や学校、そして子どもたち
の実態に応じたものであることはいうまでもない。学習指導要領解説が、
以下４つの「探究課題」を例示している（小学校は③までの３つ）のは、
そうした意図の表れであると考えられる。

　①現代的な諸課題に対応する横断的・総合的な課題
　②地域や学校の特色に応じた課題
　③児童（中高では生徒）の興味・関心に基づく課題
　④職業や自己の進路に関する課題

　こうした抽象的な記述をもとに、学校ごとでどのように創造的な課題設定を行うのか、その工夫が問われている。

## （3）総合的な学習の時間における地域連携と「新しい能力」

　総合的な学習の時間においては、学校と地域社会との連携が重視されている。中央教育審議会答申「21世紀を展望した我が国の学校教育の在り方について（第1次答申）」が、総合的な学習の時間の導入を提案するとともに、同じ答申のなかで「開かれた学校」概念を打ち出したことが、そのことを例証している。

　またさらに、知識の習得にとどまらない「新しい能力概念」が、地域社会との連携を要請するものでもあるとの指摘がなされていることにも触れておきたい。大桃敏行は、市民や市民活動団体、民間企業も含めた様々な民間セクターと公的部門が、協調的で調整的な行動を取ることで政策目的を実現しようとする「協働的ガバナンス論」を取り上げつつ、そこで企図される能力像が、知識や技能の単なる獲得ではなく、知識・技能を活用する能力、課題解決能力、コミュニケーション能力や協調性、協働性といった「新しい能力概念」と親和性を持つと指摘する（大桃,2021：44-46）。山住勝広も、伝統的な学校像が内向きに閉ざされた活動システムのなかで教育を展開していることを指摘し、今後の学校については「学校と学校外の複数の異なるシステム間の境界領域において協働とパートナーシップの関係を創り出すことによって、子どもたちの創造的な学習活動を促進・支援することができる」と述べる（山住,　2017：73-74）。以上の指摘は、学校と地域社会の連携のなかに、教育や学習の変革の契機を見出だす立論の例といえる。

　このような「新しい能力」観や、教育・学習の変革に向けた議論にも後押しされ、総合的な学習の時間は改めて注目を集めてきている。その

ことを象徴するように、高等学校では「総合的な探究の時間」と名称が改められた。また、小中高を通じて「課題の設定」→「情報の収集」→「整理・分析」→「まとめ・表現」という探究のプロセスが明示され、その活性化が図られているところである。

　ただ、国が探究プロセスを設定することについては、定型化を生みかねないとの批判もある（たとえば子安，2021）。上記のプロセスはあくまで理念系であり、これを重視するあまり、子どもの活動を予定調和にとどまらせては本末転倒だろう。学習指導要領解説もまた「物事の本質を探って見極めようとするとき、活動の順序が入れ替わったり、ある活動が重点的に行われたりすることは、当然起こり得る」と認めている（『高等学校学習指導要領（平成30年告示）解説　総合的な探究の時間編』p.12）。「型にあてはめるのではなく、今のテーマに則して新たに学習過程を選択・創造する」ことや、「一つの形の探究活動だけを特権化」しないことなどを授業づくりの土台とするべきだろう（子安，2021：89-90）。

　また、本田由紀は、卒業研究・卒業論文を典型とする高等学校の「研究型アクティブラーニング」（個々の学習者が自らテーマを設定し、独自のデータ収集・分析などを通じて知見を得る）について、時間、予算、指導力を持つ教員、施設・設備に関する「不足感」が、教育委員会や校長に認識されていることを報告している（本田，2017）。創造的な取組みを可能にするためには、学校や教師の工夫にだけ依存するのではなく、条件整備が求められることを示唆するものであろう。

（仲田康一）

## 2. 総合的な学習の時間における「地域学習」「キャリア教育」

### （1）総合的な学習の時間のテーマ設定の実態

　現在、実際にどのような課題設定の下で総合的な学習の時間が進めら

れているのであろうか。

　まず、小学校と中学校について確認する。やや古いが、文部科学省の平成25年度教育課程実施・編成状況調査（公立小中学校）を見てみると、総合的な学習の時間の学習内容として「地域や学校の特色に応じた課題」を取り上げているのは、小学校で96.7％、中学校で79.9％となっている。ここからは、特に義務教育段階の小中学校では、地域ごとの内容設定が広くなされていることが分かる。中学校では「職業や自己の将来」が96.3％と最も高い傾向にある。

　また、2016年にベネッセ教育総合研究所が小中学校教員に対して行った調査結果によると、小学校では、「地域にかかわる学習」が最も多く、「よくしている」「ときどきしている」を合わせると83.2％となっている。これに対して、中学校では、「地域にかかわる学習」は72.6％で、小学校と同様に高水準であったが、最も多いのは「将来の進路や職業などの指導」で91.7％であった（ベネッセ教育総合研究所，2016）。

　高等学校についてはどうだろうか。同じくベネッセ教育総合研究所が2021年に高校教員を対象に実施した調査において、「あなたが指導している探究活動では、主にどのような課題に取り組んでいますか」との問いに複数選択をしてもらった結果、上位2位は「社会や地域の課題解決に関すること」が58.0％、「職業や自己の進路に関すること」が53.8％であった（ベネッセ教育総合研究所，2021）。

　これらからは、①地域に関する学習と、②職業や自己の進路に関する学習が、総合的な学習の時間の2大トピックであることが見て取れよう。以下では、①を「地域学習と地域の教材化」として、②を「キャリア教育」として、それぞれその意義と課題を概説する。

## （2）地域学習と地域の教材化

　地域社会は、様々な教科に通じる総合性のある学習対象であり、学校教育の重要な教材とされてきた。玉井（2010）は、地域学習におけるテーマ設定として、次のようなものを挙げている。個々に詳述はしないが、こうして見ても、地域社会との関連性のなかで設定できるテーマの多様性が見て取れるだろう。

> ・地域の生物（植物・動物・昆虫）
> ・地域の地理・自然（気候・地形・地質）
> ・地域の道路・交通
> ・地域の歴史（近世・近代・史跡）
> ・地域の戦争体験
> ・地域の暮らし（食べ物・衣服・住居）
> ・地域の文化的伝統・慣習・価値観
> ・地域の経済・産業（産業構造・流通・特産物）
> ・地域の観光・名所
> ・地域の公共施設・サービス
> ・地域の福祉（障がい者・老人等の福祉施設・公的サービス）
> ・地域の教育（社会教育施設・社会教育行政・学校・幼稚園）
> ・地域の衛生（保健所・ゴミ処理場・再生工場・上下水道）
> ・地域づくりの運動団体（まちづくり・環境自然保護団体等）
> ・地域の国際化（地域に居住の外国人・自治体等の国際交流）

　上記のようなテーマで地域から対象を見つけ、地域学習を進めることは、地域の教材化というべきものである。玉井は、その意味と有効性について、①具体的で身近な事物・事象・資料などで興味関心が湧く、②観察・見学などの体験を媒介にした学習ができる、③地域と一般学習教材の比較、④地域を学び感じることによって行動として地域に働きかける姿勢が育つ、⑤社会問題のなかの地域、歴史的展開のなかでの地域を捉えることで、現在の地域の具体的現実が、歴史的な問題や全国的な問題

のなかに位置するという普遍性を学ぶ、とまとめている（玉井，2010：96）。類似の指摘として、学習者側には、①地域で生活を共有している、②目に見え直接取り扱える、③興味・関心をひき起こしやすい、④親近感を持ちやすい、⑤調査、観察、見学、面接などの活動がしやすいという意義が、教材や教師との関係からは⑥自地域は他地域と同じ機能、構造を持っている、⑦モデル化しやすい、⑧教師が教材研究しやすいといった点で、地域教材の意義があると整理されている（池野，2004）。

　もちろん、地域を教材化するといっても、そこにある地域社会を不変のものとして対象化する静態的アプローチがすべてではない。先に紹介した調査で、小・中学校では「地域にかかわる学習」となっていたものが、高等学校では「社会や地域の課題解決に関すること」と示されていることが象徴するように、そこにある課題を見出だし、変革するという動態的アプローチもありうる。もちろんそれは、高等学校だけでなく小学校・中学校においても重要な視点になるだろう。

### （3）キャリア教育

　このような地域学習の視点として近年重要性を高めているのが、キャリア教育である。

　中央教育審議会答申「今後の学校におけるキャリア教育・職業教育の在り方について」（2011年）によれば、キャリア教育とは「一人一人の社会的・職業的自立に向け、必要な基盤となる能力や態度を育てることを通して、キャリア発達を促す教育」とされる。「キャリア」というと、職業・職務上の経験というニュアンスがあることから、職業指導・進路指導と同一視されることも多い。しかし、前記の中央教育審議会答申において、「キャリア」はより広い意味を与えられており、「人が、生涯の中で様々な役割を果たす過程で、自らの役割の価値や自分と役割の関係

を見いだしていく連なりや積み重ねが、『キャリア』の意味するところである」とされている。ここで含意されていることを意訳すれば、様々な場面における自らの役割と生き方——すなわちライフ・キャリア（仕事に加え、家庭・地域生活、個人の活動等）を作り上げるための基盤を育てることがキャリア教育であり、そのなかの主要なモメントとして働くこと（ワークキャリア）が位置づくということになろう。職業指導・進路指導は、当然のことながらキャリア教育に含まれるが、それはキャリア教育の一要素にすぎない。

　先に示した調査結果から示唆されるように、総合的な学習の時間はキャリア教育を実践するひとつの主要な枠組みであるといってよい。

　生き方そのものを考察するというキャリア教育の本質からすれば、それは学校教育全体を通じて、様々な場面で行われることになる。だが、閉じられた教室空間のなかでそれを行うことには自ずと限界があり、実社会との関連性を高める意味で、学校の「ソト」とつなぐこともまた重要な取組みとなる（児美川, 2007）。職場体験学習が典型的であるが、それに限らず、地域における生活者・労働者の働き方・生き方に触れる様々な活動——体験学習、訪問・見学、フィールドワーク、ゲストスピーカーの招聘——が、多くの学校で実施されている。地域おこしや産業振興を生徒とともに行う事例も少なくない。つまり、地域における産業・人・組織などを対象化する静態的アプローチだけでなく、地域社会そのものの変革を企図した動態的アプローチがなされうるのが、地域におけるキャリア教育という枠組みであるといえる。

（仲田康一）

## 3. 事例から見る高等学校「総合的な探究の時間」の現在

### （1）高等学校における総合的な探究の時間の動向

　総合的な学習の時間は、導入から20年が経過するが、この間の経緯には必ずしも順調だったとはいいがたい側面がある。その背景には、総合的な学習の時間が、教科の学習内容を厳選した「ゆとり」教育の代名詞として批判的に受け止められたことがある。総合的な学習の時間が導入された当時に世論を賑わせた「学力低下」論もあり、「教科学習を軽視する授業と誤解され、『学力向上に寄与するか疑問』とする見方にもさらされた」（毎日新聞「記者の目：総合学習のいま」2014年11月12日）。特に中学校・高等学校段階では、学校によって「補充学習のようなもっぱら教科の知識・技能の習得を図る教育が行われたり、運動会の準備など学校行事と混同された実践が行われたりしている」との指摘もあり（中央教育審議会 初等中等教育分科会 教育課程部会 生活・総合的な学習の時間ワーキンググループの第1回会議配布資料［資料9 - 2、p. 35]）、導入後20年近くが経った段階でもその運用実態には課題があることも否めない。特に、高等学校では、大学進学、なかでも一般受験への対策の要請が強いことで、教科学習の「補充」にあてられたケースも少なくないようである。

　一方で、これは総合的な探究の時間の枠を超えるものでもあるが、地域社会の課題解決を意識しながら、学校として探究的な取組みを推進する事例も広がっている。

　たとえば、島根県の隠岐島前地域では、高校の統廃合の危機に際し、高校魅力化プロジェクトを開始した。プロジェクトの柱のひとつは、「地域学」である。これは、人口減少、超少子高齢化、後継者不足、財政難などの地域課題を、日本や世界の最前線課題と捉えたうえで、それらの

解決を目指す課題解決型の学習である。地元だけでなく島外からの「島留学」と組み合わせ、島自体の活性化を図り、過疎地域の高校改革のひとつの可能性を示した（山内ら、2015・椋本ら、2017）。

　また、大阪西成区における西成高等学校は、反貧困の観点に立ったキャリア教育を「反貧困学習」として実施している。これは、2006 年度以降、主に「チャレンジ」と名づけた総合的な学習の時間（当時）を中心に実施されてきたもので、困難集中地域の生徒自身の生活実態の意識化、貧困の社会的構造、現在の社会保障制度や労働者の権利などについて学ぶものである。卒業後の就労も見通したキャリア教育、進路保障とも接続して実施されており、生徒自身が自らの在り方を含めて探究課題としつつ、自らの社会的自立を通じて地域課題を直接解決しよういう取組みといえる（前、2018）。

**（２）京都府立宮津天橋高等学校における実践**

　本節では、京都府北部の宮津市内に位置する京都府立宮津天橋高等学校宮津学舎の探究学習について紹介する。宮津市は、丹後半島の南端のはずれに位置し、日本海の若狭湾に面する市である。日本三景のひとつである天橋立で知られ、与謝郡与謝野町、京丹後市等と隣接する。海と山に挟まれ、自然豊かでのどかな風景が続く。一方で、丹後地域に共通する問題として、人口減少と過疎化に直面している。

　宮津天橋高等学校は、前身となる２つの高等学校が、それぞれの校舎はそのままに統合した、京都府初の学舎制の学校である。本節で紹介する探究学習は、宮津天橋高等学校宮津学舎の普通科で実施されているものである。宮津学舎の普通科の生徒数は、2022 年現在で、各学年 120 ～130 名である。

　2021 年に着任した校長先生は、2 校の歴史を継承しながら、それぞれ

の学校（学舎）に合った文化を発展させることを大切にしている。その
なかで、2校の生徒がお互いに多様性を認めて尊重し合い、高め合うこ
とを目標に学校運営を行っている。そのためにも、教科学習だけではな
く、探究学習を重視し、生徒がそれぞれの問題意識を発展させ、将来の
自己のビジョンとつなげられるような学びの展開を推進している。

　2022年度の探究学習の時間は、1年次に週に1時間、2年次に週に2
時間連続で設けられている。1年次に、①キャリアガイダンス、②環境
社会探究、③合意形成ワークショップ、④探究学習のテーマとゼミの選
択、2年次に⑤ゼミ活動（探究活動）、⑥探究の成果発表とレポート作
成を行う。それぞれについて簡単に説明を加える。

　①キャリアガイダンスでは、生徒のキャリア形成にあたり、興味関心
の幅が広がるように職についてのガイダンスを行う。そして、生徒が将
来の生き方として多様な選択肢を考えられるようにしている。というの
も、地域的・家庭的背景によるのかもしれないが、進路の選択にあたり、
資格取得志向を強く持った生徒の割合が高く、興味の幅や関心の対象を
限定しつつある生徒がいるからである。そのため、探究学習の担当教員
は「心のなかに押し込めていた好きやおもしろいを表に出してこようと
いうところから始める」と話す。

　②環境社会探究では、社会に目を向け、社会の実態を踏まえつつ、社
会にどのような課題があるのかをキーワードで把握する。その過程では、
調べ方や小論文の書き方についても学習する。調べ方では、信憑性の程
度を考慮し、インターネット画面に直接キーワードを入れて検索する
webからの情報収集だけではなく、専門図書や学術論文を検索する重
要性とその方法についても説明する。小論文の書き方では、作文とは異
なり、論点を構造的に捉え、理由や根拠を示して自身の意見を述べる練
習を行う。

　③合意形成ワークショップでは、まずは丹後の地域課題を見出だす。その解決にあたり、いずれの SDGs と関連させると糸口が見出だせるのかを 4～5 名のグループにわかれて調べる。そこでは、関連する SDGsについて、世界ではどのような取組みがなされているのか、それを地域で行うことができるのか、そのためにどのような改良が必要なのかという、解決方法に着目する。その際に、「景観をよくしたい」→「ゴミ拾いをしよう」といった比較的思い浮かびやすい方法を見つけるのではなく、生徒が仲間とともにみんなが意欲的に取り組めるアイデアを持ち寄り、楽しい課題解決策を提案できるよう教員は働きかける。その後、生徒は、自分たちの解決方法を提示するための議論を積み重ね、レポートを作成する。

　④探究学習のテーマとゼミの選択では、これまでの学習を踏まえて、生徒一人一人がどのようなテーマで探究学習を行いたいのかを考える。これまで学習したことを継続しても、新しいテーマを見つけてもよい。テーマに応じて、所属するゼミを決定する。ゼミは、人文・社会・情報・理科・スポーツ健康・行動科学・あるある TANGOlogy の 7 つがある。

　⑤ゼミ活動（探究活動）では、ゼミにわかれて、探究活動を行う。似たようなテーマの生徒がグループを組んで行ってもよいし、ひとりで実施してもよい。生徒は、それぞれのテーマから問いを立て、仮説を設定し、調査方法を選択して調査活動を行い、考察を深める。計 16 名の教員がゼミの担当となり、探究学習を支援する。問いを立てる際には、②を生かして先行研究を調べて、自分たちで実施が可能な内容を選択する。調査の方法は、フィールドワーク、インタビュー、アンケート、観察、実験、文献、実践等である。それら客観的なデータに基づいて結論を述べることが重視されている。

　⑥探究の成果成表とレポート作成では、10 月初旬に中間報告会を、1

月下旬に最終報告会を実施する。2022年度は、中間・最終報告会ともに、2つの体育館を使い、質疑応答を含めて1テーマ各10分間のポスター発表が行われた。最終報告会には、地域の小中学校、教育委員会、学校運営協議会、PTA、博物館、大学、NPO等の諸機関関係者、および総務省の取組みである地域おこし協力隊のメンバーや卒業生等、外部者35名が参加した。また、次年度の探究学習のテーマ選択や活動に生かすため、1年生も2年生の報告会に参加した。そのため、質疑応答では、在校生や外部者から様々な質問やアドバイスがなされていた。それらを受け、生徒は、中間報告会から最終報告会、さらにレポート作成へと学びを深めていく。

　2022年度のテーマ一覧は、表6－1の通りである。社会課題や各科

### 表6－1　2022年度探究学習テーマ一覧

| 番号 | ゼミ | 発表タイトル | 番号 | ゼミ | 発表タイトル |
|---|---|---|---|---|---|
| 1 | 人文 | 洋画の翻訳にみる英語と日本語の違い | 23 | TANGO | 石灯籠から読み解く宮津の歴史 |
| 2 | 人文 | 全統模試・進研模試の問題傾向〜Writingで点数をとろう〜 | 24 | 人文 | なぜ日本語には多くの一人称が存在するのか |
| 3 | 人文 | 発達心理学に学ぶクレヨンしんちゃん | 25 | 人文 | 湊かなえの小説から読み解く『愛着障害』 |
| 4 | 社会 | 天橋制服＋ジェンダーレス〜生徒・教職員へのアンケート及び他校調査から考える〜 | 26 | 社会 | 天橋生の宮津への思いの変化〜フォトコンテストの取り組みから〜 |
| 5 | 社会 | 絵本を作ろう〜制作を通して学んだこと〜 | 27 | 社会 | 高校生の主権者教育〜模擬投票の効果と影響〜 |
| 6 | 社会 | 近現代・丹後地方における鉄道の役割〜加悦鉄道と京丹後鉄道の比較研究〜 | 28 | 生物 | 人、川、ハッピー 〜人と川の共生を目指して〜 |
| 7 | 生物 | タマネギに含まれるアリシンの抗菌作用 | 29 | 生物 | 今音魚物語〜滝馬川周辺の地形と魚の関わり〜 |
| 8 | 生物 | ホタルを見られる環境へ | 30 | 生物 | タンポポの生長と光の関係 |
| 9 | 生物 | 砂を使ったろ過 | 31 | 生物 | 口を使わず草笛を吹く |
| 10 | 生物 | 美しき侵入者オオキンケイギクはどうして殖えるのか | 32 | 生物 | 植物から抽出した芳香蒸留水の殺菌作用の検証 |
| 11 | 数学情報物理 | ペットボトルロケットの重心位置と飛距離の関係性 | 33 | 生物 | オオカナダモの原形質流動 |
| 12 | 数学情報物理 | 紙飛行機の最適な形状、材質、重心位置について | 34 | 数学情報物理 | ソフトテニスボールを打ち出した際の挙動について |
| 13 | 数学情報物理 | 空気抵抗のある放物運動 | 35 | 数学情報物理 | 輪ゴム銃の発射条件と輪ゴムの飛距離との関係 |
| 14 | 数学情報物理 | テーブルクロス引きの成功条件 | 36 | 行動科学 | 宮津学舎をPR！！〜少子化と進学率〜 |
| 15 | 行動科学 | 転調を多く用いても印象に残る曲の作成 | 37 | 数学情報物理 | 物体の衝突によるエネルギーの損失 |
| 16 | 行動科学 | 宮津を盛り上げよう！ | 38 | 行動科学 | 日本で朝鮮語を学びやすい理由 |
| 17 | 行動科学 | 授業中に眠くなる原因〜仮眠の重要性〜 | 39 | 行動科学 | ホロコースト下での抵抗運動 |
| 18 | 行動科学 | ストレスを視覚化する〜芸術療法・MSSMを用いて〜 | 40 | スポーツ | 勝利の方程式〜入浴と睡眠〜 |
| 19 | スポーツ | 三大ダイエットの秘密を探れ | 41 | 行動科学 | 場面と関係性によって変化する声の高さ |
| 20 | スポーツ | ウォーミングアップの長さがパフォーマンスに与える影響 | 42 | TANGO | 廃校を利用した地域活性化 |
| 21 | TANGO | 宮津×二次元 | 43 | TANGO | 伝統文化「宮津踊り」を未来に繋ぐ |
| 22 | TANGO | 年齢による丹後弁の使用率 | 44 | TANGO | 府中のええとこまるっぽ知りたい〜小高連携型の歴史ツアーの企画〜 |
| | | | 45 | TANGO | 上宮津の神社と祭りの関係 |
| | | | 46 | TANGO | うちの地元のええところ〜スタディツアーで伝えますの〜 |

目に関連する探究に加え、上述した丹後地域の課題を踏まえて、自然保護や、人口減少と過疎化を問題意識としてまちづくりに取り組む生徒たちが少なくない。

たとえば、16番の「宮津を盛り上げよう！」では、生徒自身が地域をより知ると同時に、観光客にも知ってもらうために、地元のお店を紹介するパンフレットを作成した。その際、店主に対して、お店のメニューのみならず、その仕事をしようと思った理由や宮津への思いについてインタビューを行った。そこでは、店主から「地元の人たちは排他的」という本音を引き出していた。これは、地域社会の問題構造を捉え、多様な価値を尊重する社会を形成するうえで示唆的なものであった。それに対して、質疑応答では、「あえて人生について聞いたのは付加価値だと思います」とのコメントが寄せられていた。

42番の「廃校を利用した地域活性化」のグループは、昨年度の2回生と同様に、まちによる廃校を利用したイベントに引き続き参加した。そのなかで、地域の写真展示のブースを設けて、地域の活性化や魅力の発信につながる活動を行った。質疑応答では、「（発表者の）みなさんは丹後に戻ってきたい？」という質問が投げかけられた。回答は、「夏限定で戻ってきたい」「どっちかというと戻ってきたい」「私はたまに」というもので、地域の活性化に関する探究学習を進めながらも自身の将来との狭間で揺れ動く生徒の姿があった。そして、地域について改めて考え直す生徒の様子が見られた。

その他、これまでの探究学習では、天橋立に伝わる民話「橋立小女郎」をオリジナルのストーリーに作り替え、その絵本を作成して出版した活動や、地域を流れる大手川への防災意識や興味の希薄化への懸念から地域住民が川を知り、好きになることを目指す活動が実施された。後者では、60世帯へのアンケートと約20人への聞き取り、河川管理者との対

談、川の生物調査等を行った。

　このような本格的な探究活動が行われるのは、当該校には、第1に探究学習担当教員が顧問を務めるフィールド探究部という部活動があるためである。探究部の生徒は教員とともに丹後周辺の地域を歩き回り、生態系を調べたり、地域の人々にインタビューをする活動を行っている[2]。第2に、各クラス3名の探究委員が選出されるなど、探究学習を進めるための重要な校内組織体制が整備されているからである。探究委員は、探究学習担当教員からの連絡を伝えたり、クラスの探究学習に関する困り事を教員に伝えたりする役割をはたしている。

　本節では、地域社会とつながる探究学習の取組みについて述べた。これはあくまで一事例であり、探究学習のやり方は各学校で異なる。ただ、生徒が少しでも社会に関心を持って課題を見出だし、それを深く問い直しながら、他者と協働して解決していこうとする社会参加の素地をつくろうとしている点に変わりはない。そのなかで、商品開発をするなど高校生がすでに地域活性化に貢献している場合もあれば、なかなかうまく活動を社会に結びつけられない場合もある。しかしながら、失敗をしつつ、参加の体験をすること自体が有意義な学びであると考えられる。また、自分で学びをつくる経験をし、仲間とともに未来を切り拓けるのかもしれないという感覚を得られることが、社会を変えていこうとする礎になる。社会のウェルビーイングを高めるためにはそうした学習活動が重要であろう。

（柏木智子）

---

2　フィールド探究部は、人と自然とのかかわりを伝える財産を探し出し、その価値を発信するため、地域の巨樹や在来のタンポポの調査を実施した。その結果、巨樹の調査では63種3,108本を、タンポポ調査では7種の在来種を確認し、2022年には子ども・学生部門における日本自然保護大賞を受賞した。2021年からは、生徒たちが地域の環境を守る人の輪を広げ、住民と協働して子どもが遊べる豊かな川づくりに挑んでいる。

102

## 研究課題

1．京都府立宮津天橋高等学校宮津学舎における「総合的な探究の時間」の取組みが生徒、地域社会、学校それぞれにとってどのような教育的な意義を持つか考察するとともに、それを推進する上でどのような課題があるか検討してください。
2．居住する地域など、身近な地域を取り上げ、そこで総合的な学習の時間を展開するときに、どのような地域教材やキャリア教育のテーマを設定することが有効か、理由を含めて論じてください。

## 参考・引用文献

池野範男（2004）「地域研究型総合学習」日本教育方法学会編『現代教育方法事典』図書文化社

大桃敏行（2021）「ガバナンス改革と教職の専門職性」広瀬裕子編著『カリキュラム・学校・統治の理論』世織書房、pp. 39-61

児美川孝一郎（2007）『権利としてのキャリア教育』明石書店

子安潤（2021）『画一化する授業からの自律』学文社

ベネッセ教育総合研究所（2016）『第6回学習指導基本調査 DATA BOOK（小学校・中学校版）［2016年］』https://berd.benesse.jp/shotouchutou/research/detail1.php?id=5080

ベネッセ教育総合研究所（2021）『高等学校の学習指導に関する調査 2021 ダイジェスト版』https://berd.benesse.jp/up_images/research/gakusyusido2021_digest_kou.pdf

本田由紀（2017）「研究型アクティブラーニングの現状・課題・可能性」『東京大学大学院教育学研究科紀要』56巻、pp. 245-262

前比呂子（2018）「高等学校における反貧困教育の取組を通した子どもの貧困対策への提言」『追手門学院大学教職課程年報』26 巻、pp. 23-33

丸木政臣ら編著（2001）『ともにつくる総合学習』新評論

椋本洋・奥田麻依子（2017）「教育の力で輝く地域を創る」柏木智子・仲田康一編著『子どもの貧困・不利・困難を越える学校』学事出版、pp. 129-139

山内道雄ら編著（2015）『未来を変えた島の学校――隠岐島前発 ふるさと再興への挑戦』岩波書店

山住勝広（2017）『拡張する学校　協働学習の活動理論』東京大学出版会

# 7 | コミュニティ・スクールの制度化と実践の展開 「開かれた学校」から「地域とともにある学校」へ

仲田康一

**《目標＆ポイント》** 学校運営の意思決定に保護者や地域住民が関与できる学校運営協議会（コミュニティ・スクール）について、学校評議員との比較をしながら、その権限を理解する。さらに、コミュニティ・スクールが普及してきた背景を知り、その成果を確認するとともに、今後の課題についても考察する。

**《キーワード》** 学校運営協議会、コミュニティ・スクール、地域とともにある学校、協働と参画、地域の多様性、ジェンダー、子どもの参加、子どもの意見表明

## 1. コミュニティ・スクールの制度化

### （1）「開かれた学校」の2側面

　窪田（1999）は、学校に保護者や地域住民などが関与することについて、「意志決定過程への参加（participation）」と「学校教育活動への参与（involvement）」という2つの相があることを提示している。前者は、学校の管理運営や方針づくりに保護者や地域住民が参加するということを意味し、後者は、具体的な活動場面に協力したり連携したりすることを意味する。やや大雑把な言い方になるが、前者は会議場面への参加、後者は子どもの教育場面への参加と呼んでもいいかもしれない。

　類似の指摘は清原（2006）によってもなされている。彼は、「開かれた学校」について、「狭義には学校運営における意思決定に、親、地域住民あるいは児童・生徒が参画することを指すが、広義には学校運営及

び教育活動に親、地域住民が加わり、協働することを指す」（清原,
2006：46）と述べる。このように、地域に開かれた学校というときに、
理念的には、運営への「参画」と、活動における「協働」という2つの
様態を想定することが可能である。

　参画と協働とは、概念の理解を深めるため、ときに対比的に示される
ことがあるが、それらの関係は対立するというよりは、相補的なものと
捉えることが適当だろう。たとえば、前者、すなわち運営や企画立案へ
の参加だけでは、教育活動は具体化しないし、会議室で行われる協議が
実態から遊離しかねない。逆に、後者、すなわち実施場面で協力しても
らうだけでは、参加者の主体性を考慮しない単なる「お手伝い」になり
かねない。参画と協働を両輪とすることが肝要であるといえる。

　前章までの記述にも、参画と協働の要素は様々な箇所に現れているが、
本章では、特に、学校運営に保護者や地域住民が参画するための制度を
解説する。それは、ここ20年の間に、学校運営「参画」制度が大きく
展開しているからである。

## （2）学校評議員から学校運営協議会へ

　学校運営に保護者や地域住民が参画する仕組みについては、「学校評
議員」制度の導入（2000年）が画期的だった。これは、第3章で述べ
た通り、「我が国で初めて地域住民の学校運営への参画の仕組みを新た
に制度的に位置づけ」たものであり、教育経営学者の小島が評する通
り、専門的意志・行政意志に加えて私的意志を学校運営に取り入れる点
で「我が国の学校経営の歴史にあって大きなエポックを画する」（小島,
2000：32）ものであった。

　とはいえ、学校評議員制度は、一定の限界も有していた。「校長の求
めに応じ」て個人としての意見を述べるにとどまり、その意見の効力が

106

担保されないことがそれである。しかし、おそらくはそのような「穏健さ」ゆえ、制度がスタートして4年後の2004年7月には、7割を超える学校に導入された[1]。

しかし、文部科学省は、同じく2004年に、「学校運営協議会」という制度を新たに法制化した。これは、後に述べる通り、保護者や地域住民が学校運営に権限と責任を持って参加することを可能にしたもので、学校評議員と同一線上の趣旨に立ちつつ、その「発展形」的なもの（堀内，2004：16）と評されている。

それにしても、「学校評議員制度が十分であったとはおよそいえないが、十分制度が定着する前に〔学校運営協議会という；引用者注〕新しい制度を導入することは、答え合わせをしないで次の単元に進むような落ち着きのなさを感じる」との指摘（窪田，2004：12）もある通り、中4年で「発展形」が新たに学校運営協議会として制度化され、学校評議員と併存することになったのはなぜだろうか。この「落ち着きのなさ」の背景を考えるとき、学校運営協議会の構想が文部科学省外で作られ、官邸主導の政治体制の下、文部科学省が対応を迫られたという経緯に触れる必要がある。

学校運営協議会（コミュニティ・スクール制度）は、教育改革国民会議（首相の私的諮問会議）が2000年に出した報告に端を発する。そこでは、多様な教育機会の提供や新しい試みを促進するための施策として、地域が運営に参画する「新しいタイプの公立学校（コミュニティ・スクール）」の制度化を提言した。また、2001年に出された総合規制改革会議（内閣府に置かれた審議会）の第1次答申も、「地域や保護者の代表を含む『地域学校協議会（仮称）』の設置、教職員人事や予算使途の決定、教育課程、教材選定やクラス編制の決定など学校の管理運営について、学校の裁量権を拡大し、保護者、地域の意向が反映され、独自性が確保

---

1　2004年11月、中央教育審議会 教育制度分科会 地方教育行政部会（第15回）配付資料「学校評議員制度等の設置状況（平成16年7月1日現在調査結果）」

されるような法制度整備」を提言した。かくして、学校評議員制度が導入されたのと同じ時期に、学校運営協議会の発端となる制度構想が、文科省の外部から提言されたのである。

　文部科学省は、これらの提言を踏まえ、2002年度から新しいタイプの公立学校運営について実践研究を開始し、省内での検討過程を経た2004年に法改正を行った。その結果作られた学校運営協議会の仕組みは、文部科学省によるコンセプトの変容もあり、チャーター・スクールの導入のようなドラスティックな学校制度改革にはならなかったものの、学校評議員制度とは異なり、「発展形」（堀内前掲）と呼ばれるだけの性格を有している。

## （3）学校運営協議会の法定３権限

　学校運営協議会は、教職員に加えて、保護者や地域住民なども参画して、学校運営の方針づくりを行う会議体である。地方教育行政の組織及び運営に関する法律（以下、地教行法）第47条の5において明記された3つの権限（法定3権限）を持って学校運営にかかわることができる。

　第1に、教育課程編成その他学校運営の基本的な方針を承認する権限である。校長は、教育課程の編成と学校運営の方針について承認を受けなければならず、委員から疑問や反対が出た場合には十分な議論を尽くし、必要な修正を行うなど、合意に向けた努力がなされなければならない。承認に至るまでの議論を通じて学校運営の基本方針に意思を反映する仕組みとなっている。

　第2に、学校運営に関して、校長や教育委員会に対する意見を述べることができるという権限がある。校長に対する意見については、第1の権限を行使するうえで出されることもあるが、これに限らず、校長や教育委員会に対して、学校運営の様々な局面について、意見や要望を出す

ことができるとも解釈できる。

　第3に、教職員の任用に関して意見を述べることができる権限もある。採用、転任、昇任に関する事項が対象となり、述べられた意見を任命権者は尊重するものと規定されている。協議会が実現しようとする学校運営に適った教職員の配置を求める機能と理解できる。

　もちろん、教育委員会が学校運営の管理権を持ち、その日常的な部分が校長に委任されるという基本構造に変更はなく、学校運営協議会が教育委員会や校長より上位の権限を持つと解することはできない。しかし、教職員の任用や、学校運営の在り方について、保護者や地域住民の意見を直接反映する仕組みであることは間違いない。また、学校評議員は校長の求めに応じて個人としての意見を述べるものであるのに対し、学校運営協議会は合議制の会議であり、その委員は特別職の地方公務員の身分を有することになる。このことからも、学校運営協議会はより強い権限を与えられていることが分かるだろう。

　なお、学校運営協議会を置いた学校のことを「コミュニティ・スクール」と呼び、地域社会との連結を意識した学校運営の選択肢になっている。

## 2. コミュニティ・スクールの展開

### （1）学校運営協議会の設置状況とその機能

　2022年9月現在、学校運営協議会を置いている「コミュニティ・スクール」は、小学校の49.0％、中学校の47.3％、高等学校の28.0％となっている。義務教育段階だけ見れば、前年度より11.3ポイント増の48.6％と、半数の学校が学校運営協議会制度を用いているということになる。このように、現在はかなりのペースで「コミュニティ・スクール化」が進んでいる。

　しかし、学校運営協議会は、制度化してからしばらくの間、少なからず"敬遠"された仕組みであった。それは、法制化から5年後の2009年には475校、10年後の2014年には1,919校にとどまっていたことという文部科学省の調査結果からも分かる。学校評議員制度が導入数年で7割程度の学校に導入されたことと比べると、その普及速度は明らかに遅かった。

　理由は様々に考えられるが、「新しい時代の教育や地方創生の実現に向けた学校と地域の連携・協働の在り方と今後の推進方策について」と題した中央教育審議会答申（2015年）が、「ややもすれば、学校が地域住民や保護者等の批判の的となるのではないかといった印象を持たれてしまった」と述べている通り（p. 16）、その権限の強さに対する懸念、特に、法定3権限のなかでも、教職員の任用について意見が出ることによって混乱が誘発されるといった学校や教育委員会の"抵抗感"があったことが、広がりを欠いたひとつの大きな要因だったと考えられる。

　ただ、実際に導入した学校の学校運営協議会においては、学校が「批判の的」となるということはあまり多くなかった。教育経営学者の佐藤晴雄が文部科学省から受託して行ったアンケート調査によれば、学校運営協議会の重要な権限である校長の運営方針への承認について「校長の方針に対し不承認も修正意見もなかった」が90.4%となっており、また、教員の任用や学校運営についての意見を「申し出なかった」が7〜8割という状況であった（文部科学省，2012；2015）。

　学校運営協議会での協議事項についての研究からも同様の傾向が見出だせる。筆者の研究からは、学校運営協議会委員の多くが学校行事や地域人材の活用等に対して意見を反映していると自己認識している一方で、学校の予算や人事など、硬質な論点に対しての意見反映は低調になりがちであることが分かっている（仲田，2015）。教育社会学者の広田

照幸は、「保護者や地域の人たちの関与の内実を見ても、学校の意思決
定に参加するという姿とは程遠い」（広田，2020：151）と指摘し、教育
経営学者の岩永定はその姿を「学校支援型コミュニティ・スクール」と
表現している（岩永，2011）。このような実態は、なぜ学校運営協議会
でなければいけないのか、その固有の意義を見失わせる結果であるとい
える。

　ただ、「学校支援型」の運用がある程度広まった結果、当初のような
学校運営協議会に対する忌避感も次第に薄れ、2008年には343校だっ
たものが、2009年には468校、2010年には629校、2011年には789校
と、少しずつではあるが普及も進んだ。先に紹介した文部科学省委託研
究のなかで、学校運営協議会の「成果」を訊ねた設問を見ると、「学校
と地域が情報を共有するようになる」・「学校に対する保護者や地域の理
解が深まる」・「地域と連携した取組みが組織的に行えるようになる」・
「保護者・地域による学校支援活動が活発になる」・「特色ある学校づく
りが進む」といったものについて、8割を超えるコミュニティ・スクー
ルの校長が成果ありと認識している（文部科学省，2015）。ここからは、
権限行使の実質化はともかく、日常的な交流が活発になり、地域社会の
実態を踏まえた教育活動が組織的に行われるようになりつつあることが
見て取れる。

　コミュニティ・スクールは、教育課程特例校制度や総合的な学習の時
間等の教育課程改革、学校ボランティアの広がりやコーディネーターの
配置といった前章までに述べた動向と並行して、少しずつ広がりを見せ
ていったのである。

**（2）「地域とともにある学校」の理念と学校運営協議会の制度改正**

　学校運営協議会が普及の速度を高める契機として大きかったのは、

2011 年の東日本大震災であった。このとき、学校での避難所運営など
で地域と連携することの必要性が改めて認識されたことに加え、地域が
壊滅的打撃を受けつつも、学校を地域の拠点にして復興に向かう姿も見
られた。このように学校と地域社会との不可分な関係が認識されたこと
を背景に文部科学省が提起したのが「地域とともにある学校」という理
念である。これまでの「開かれた学校」という理念を一歩進め、地域社
会と学校との一体性を強調し、その実現に向けた学校運営の工夫を求め
るものであった。学校運営協議会は「地域とともにある学校」づくりの
「有効なツール」として位置づけられたのである。

　2015 年 3 月の教育再生実行会議第 6 次提言は、すべての学校のコミ
ュニティ・スクール化を図り、地域との連携・協力体制を構築し、学校
を核とした地域づくりへの発展を目指すことが重要であると提言した。
この提言を受けて、中教審の初等中等教育分科会に「地域とともにある
学校の在り方に関する作業部会」で具体的な方策が審議され、2017 年 3
月には、地教行法や社会教育法を含む関連法の改正に至った。この法改
正のうち、本章に関連する事柄として以下の 4 点が挙げられる。

　第 1 に、法定 3 権限は維持するものの、学校運営協議会の法的位置づ
けを、当該の「学校の運営」に加え、「運営への必要な支援」について
協議するものとした（地教行法第 47 条の 5 第 1 項）。これを明確化す
るため、校長が、学校運営協議会委員の任命について、教委に意見を述
べることができることを明記した（同第 3 項）。また、教職員の任用に
関しての意見を、「教育委員会規則で定める事項」（同第 7 項）とし、「協
議会の趣旨を踏まえた建設的な意見に限ることや、個人を特定しての意
見ではなく、対象学校の教育上の課題を踏まえた一般的な意見に限るこ
と」を可能にした[2]。

　第 2 に、社会教育法の改正が行われ、「地域学校協働活動」が法律上

---

2　『地方教育行政の組織及び運営に関する法律』（第 47 条の 5）条文解説」
https://www.mext.go.jp/a_menu/shotou/community/suishin/detail/1313081.htm

に明記された。「地域学校協働活動」とは、学校と地域住民等が連携しながら社会教育施設や学校で学習機会・体験活動を提供することである。これまでボランティアとして行われてきた学校と連携した地域での諸活動を法律上に位置づけるとともに、その推進を地方教育委員会の役割として明記し、「地域学校協働活動推進員」（コーディネーター。第4章参照）を配置できることとした（社会教育法第9条の7）。関連して、保護者、地域住民と並んで、地域学校協働活動推進員も、学校運営協議会委員の任命区分のひとつとして新たに明示された（地教行法第47条の5第2項）。

　第3に、小中一貫・連携による学校運営（第5章参照）が一定の広がりを見せていることを踏まえ、従前はひとつの学校にひとつの学校運営協議会を置くことになっていたが、複数校にひとつの学校運営協議会を置く形式も可能とした（地教行法第47条の5第1項）。

　第4に、以上を踏まえ、各地方教育委員会は、所管する学校について学校運営協議会を設置するよう努めなければならないとして、全公立学校のコミュニティ・スクール化が努力義務とされた（地教行法第47条の5第1項）。（1）で述べた学校運営協議会の普及の加速は、努力義務化によるものと考えられ、今後、高等学校等も含めて増加していくことが予想される。

## 3. コミュニティ・スクールの課題

　本書では、これまで、学校が地域社会と連携して学校運営や教育活動を行うための様々な政策・制度・概念等の名称が出てきた。かいつまんで列挙してみれば、教育課程特例校制度、小中一貫特例、総合的な学習の時間、地域学習、キャリア教育、地域学校協働活動・地域学校協働活動推進員（コーディネーター）、学校評議員、学校運営協議会といった

形である。

　21世紀に入ってからの約20年間、ある意味では"五月雨式"に打ち出されてきたのがこれらの改革であった。社会教育、学校運営、教育課程といった複数の政策領域にわかれており、それぞれ独自の文脈や問題認識を背景にして導入されたものであり、一見、"乱立"しているような印象も与える。これらは、これまで選択的に用いられてきた。しかしそのなかで、学校運営協議会は設置が努力義務となり、また、ボランティア活動が地域学校協働活動として法律上にも位置づけられた。つまり、学校運営協議会と地域学校協働活動とを基礎として、その他の制度・政策的選択肢を各地で組み合わせながら、学校と地域社会の連携の充実が図られるということになったというのが今日の状況である[3]。

　以下では、本章のまとめにあたり、学校運営協議会が努力義務化されたことに伴い、今後に向けてどのような課題があるのか論じていく。

　岩永定は「学校支援という形であれ、保護者や地域住民がともかく学校に関与するということには意味がある」として一定の評価を下しつつも、単に学校支援活動を進めるだけでなく、多くの関係者が「対等の関係で意見交換をし、合意形成をしていく参加・共同決定型コミュニティ・スクールに進んでいく必要」があると指摘する。これは、「参画」と「協働」を両輪とすべきという、本章冒頭の記述につながる指摘である。この間、全国的に広がったボランティアなどの学校支援活動のなかで、学校に関わる各主体は、教育に関する情報や子どもの実態に触れ、教育についての自分なりの考えを深めているはずである。まずは学校支援から

---

3　たとえば、学校評議員と学校運営協議会の関係についても、それらの在り方は、地域ごとに選択の余地がある。一例だが、学校運営協議会の発足に際して、これまで当該学校で委嘱されていた学校評議員を学校運営協議会委員にスライドさせ、これに伴って学校評議員制度を解消することはよく見られる。一方、学校運営協議会を発足しつつ、学校評議員制度も残置するケースもありうる。その場合は、学校運営協議会をより当事者に近い世代による機動的な運営組織とするとともに、学校評議員には近隣組織の長や学校運営協議会経験者等を委嘱し、学校関係者評価などを担うなどして、機能分化させつつ併用する形を取ることなどが考えられよう。

入るとしても、そのなかで各委員が学校・子ども・保護者の実態を知り、見識を高めるプロセスを保障したうえで、教育熟議に主体的に参加してもらえるような「仕掛け」が必要だろう。

　そのための第1の視点は、適切な議題の設定である。どのような会議もそうだが、ともすると学校からの説明と、簡単な質疑応答で終わりかねない。関係者が意見を交換するのにふさわしい重要かつ切実な課題がなされてしかるべきだろう。

　注目したいのは、教育課程が必ず承認を受けなければいけない事項であるということである。総合的な学習の時間など、様々な主体がかかわる取組みが増えてきたからこそ、その実践を共にした関係者の気づきや意見を突き合わせ、翌年度の教育課程に反映させていくプロセスが必要であろう。この他、保護者にとって切実な問題（たとえば学校納入金や給食等の在り方）、生徒にとって切実な問題（校則、制服等）、あるいは新型コロナウィルス感染症のような緊急時における教育計画の見直し等について議論する場として学校運営協議会を活用することも考えられる。保護者が関与する事項の場合はPTA等、校則の場合は生徒会や職員会議等といった形で、様々な組織との連携を図りながら、意思の集合化を図る努力がなされることが期待される。

　また、学校運営に関する全般的な意見を、校長だけでなく、教育委員会に対して述べることができるという権限にも注目したい。学校や地域社会だけで解決することはできず、行政レベルでの対応が求められるケースが多々ある。学校内外の施設・設備や、教育行政レベルで設定する規則（学校管理規則）が意見事項としては典型となる。

　第2の視点は、地域の多様性に応えるコミュニティ・スクール／スクール・コミュニティを作るため、ジェンダー、文化・言語・宗教、国籍、社会階層、働き方、家族形態など、その多様性に意識を向けることが求

められている。

　たとえばジェンダーの観点でいうと、学校運営協議会に集まる委員は年配の男性を中心とした地域の有力者が一定数を占め、特に学校運営協議会の長は8割以上が男性であることが明らかになっている（仲田，2020）。一方、地域社会と学校が連携して行う様々な活動（夏祭り、運動会等）の運営実務においては、女性が下働き（裏方作業など）を担うことも多く（仲田，2015）、不均衡の是正が急務である。

　さらに、海外に目を転ずると、人種的・階級的な多様性確保が課題となっている。日本の学校運営協議会のモデルのひとつともいわれる英国の学校理事会では、マイノリティ属性（たとえば非白人）の理事割合が、実際の人口比より小さい傾向にあることが明らかになっており[4]、属性を顧慮した公正な委員選定が進むよう、全国的な調査が定期的に行われ、問題提起がなされている。同様の顧慮は、社会の多様化が加速度的に進む日本においても必要とされるだろう。

　学校運営協議会委員の多様性確保と同時に、学校や地域社会のなかにある多様な意見への対応も重要である。保護者、教師、地域住民といったものを一枚岩として捉えるのではなく、複数の教育要求が存在することを前提に、それらをいかに組織するかを課題とすべきだろう。間違っても、学校運営協議会に集まった人たちだけで方向性を決め、それに乗らない・乗れない人たちの声が後景に退けられることがあってはいけない。

　第3に、子どもの参加を促し、地域での民主主義を耕すことである。多くの学校運営協議会では「育てたい子ども像」を保護者・地域住民・教職員が語り合う場面に出会うが、その発想が、無自覚に子どもを客体化してはいないだろうか。2022年8月に出された中央教育審議会「第

---

4　イングランドでは 学校理事会やその類似組織が学校運営の基本的な権限を担っているが、その人種的自認として、94％が白人、黒人が1％、アジア系が2％、ミックスが1％となっている（National governors' association, 2019; 2020）。また、管理的で上位の職に就く者が一般的であるともされている。

Ⅱ期中央教育審議会生涯学習分科会における議論の整理」では、「子供
たち自身がコミュニティ・スクールや地域学校協働活動にかかわること
等を通じて、子供たちを主役にする教育活動を実践していくことも重要」
（p. 15）として、様々な活動に子どもの参加を保障することの重要性を
示唆している。

　だが、同文書では、子ども参加は、「地域から支えられるだけでなく、
地域社会の大人とともに課題を発見し、解決に取り組むことを通じて、
積極的に地域にかかわり、貢献していくことで、地域の一員としての当
事者意識を持ち、これからの地域の担い手として活躍する」ことに局限
しており、学校の教育方針を始めとした学校の在り方そのものへの意見
反映に言及していない点で限界がある。

　これに対し、研究においては、学校運営協議会などの議論の場に子ど
もの参加を可能とし、子どもの意見表明を保障することの重要性も指摘
されている（窪田，2004、葉養，2005、岩永，2012、等）。先駆的実践と
して、学校運営協議会制度とは異なるものだが、長野県辰野高等学校や
私立大東学園高等学校（東京都）などの「三者協議会」が参考になる（宮
下ら，2014、浦野ら編著，2021 等を参照）。これは、校則や施設などに
ついて、生徒・保護者・教職員の三者で協議し、お互いの意見や要求を
理解し、納得に向けた話し合いのもと、合意された事項は実施するとい
う取組みを続けており、市民性の高まりといった教育的な価値が追求さ
れている。こうした実践は大いに参考になろう。

　日本も批准している子どもの権利条約（児童の権利に関する条約）第
12 条第 1 項には、「自己の意見を形成する能力のある児童がその児童に
影響を及ぼすすべての事項について自由に自己の意見を表明する権利を
確保する。この場合において、児童の意見は、その児童の年齢及び成熟
度に従って相応に考慮されるものとする」との記述がある。2022 年には、

子どもの権利条約の精神にのっとった社会づくりを明記したこども基本
法も成立した（2023年4月1日施行）。

　こうしたなか、学校や地域の方向性を議論する場もまた、子どもの参
加・意見表明の拡充が望まれる対象であるといえる（第8章参照）。む
ろん、発達段階や協議事項による違いはあるが、たとえば生徒会の代表
による提案を聴く機会を設けたり、学校運営協議会規則のなかで生徒の
意見を聴取できる旨を規定したりすることも可能であり、そうした学
校・自治体も既に存在している。こうした取組みは、主権者教育や市民
性の涵養に通じるものであり、地域から民主主義の土壌を耕すことにも
なるだろう。

**研究課題**

1．身近な学校を対象に、学校運営協議会が発足しているかどうかを確
　認するとともに、学校HPなどに公開された情報から、どのような議
　論や活動がなされているのかを調べ、その成果と課題を分析しなさい。
2．1．で調べた学校を含め、複数の学校における学校運営協議会の委
　員を調べ、選出区分（保護者、地域住民、教職員等）や、ジェンダー
　などの観点でどのような特徴があるか、考察しなさい。
3．学校運営協議会等において、子どもを交えて議論するべき議題には
　どのようなものがあるか。複数挙げ、その理由とともに説明しなさい。

**118**

## 参考・引用文献

浦野東洋一ら編著（2021）『開かれた学校づくりの実践と研究』同時代社

小島弘道（2000）「現代の学校経営改革の視野」日本教育経営学会編『自律的学校経営と教育経営』玉川大学出版部、pp. 12-38

岩永定（2011）「分権改革下におけるコミュニティ・スクールの特徴の変容」『日本教育行政学会年報』37 巻、pp. 38-54

岩永定（2012）「学校と家庭・地域の連携における子どもの位置」『日本教育経営学会紀要』54 巻 pp. 13-22

清原正義（2006）「学校経営における評価と参加」『日本教育経営学会紀要』48 巻、pp. 41-50

窪田眞二（1999）「父母の教育権と学校参加」『日本教育法学会年報』28 号、pp. 47-55

窪田眞二（2004）「『学校運営協議会』における教職員、子どもの参加」『季刊教育法』142 号、pp. 7-12

文部科学省（2012）『コミュニティ・スクールの推進に関する教育委員会及び学校における取組の成果検証に係る調査研究』

文部科学省（2015）『コミュニティ・スクール指定の促進要因と阻害要因に関する調査研究報告書』

仲田康一（2015）『コミュニティ・スクールのポリティクス：学校運営協議会における保護者の位置』勁草書房

葉養正明（2005）「学校経営者の保護者・地域社会、子どもとの新たな関係」『日本教育経営学会紀要』47 巻、pp. 36-46

広田照幸（2020）『教育改革のやめ方：考える教師、頼れる行政のための視点』岩波書店, 2020 年、p. 151

堀内孜（2004）「学校運営協議会の制度設計と地域運営学校の経営構造」『季刊教育法』142 号、pp. 13-18

宮下与兵衛ら編著（2014）『地域を変える高校生たち』かもがわ出版

National governors' association（2019）*School Governance 2019*

National governors' association（2020）*School Governance 2020*

# 8 ｜ コミュニティづくりと子どもの参加

柏木智子

《目標＆ポイント》 本章の目的は、子どもの参加によるコミュニティづくりの理論と実践を学ぶことにある。まず、子どもの権利の観点から子どもの参加が求められるゆえんについて説明する。次に、ソーシャル・キャピタル研究の知見から、社会参加の重要性とその意義、および子ども期からそれが求められる理由について概説する。さらに、子どもの参加の陥穽について述べたうえで、子どもの参加を進めるうえで重要な視点について提示する。最後に、総合的な学習を通じて子どもがコミュニティづくりに参加する事例を紹介する。

《キーワード》 参加、子どもの権利、ソーシャル・キャピタル、サービスラーニング、シティズンシップ教育、子どもの声、コミュニティづくり、SDGs

## 1. 子どもの参加の法的・理論的基盤

### (1) 子どもの権利

　子どもの権利は、子どもの包括的な基本的人権を指す概念である[1]。1989年の国際連合総会第44会期において採択された「子どもの権利条約に関する条約」（以下、子どもの権利条約）において、世界的にその遵守の必要性が訴えられた。子どもの権利条約では、大人と同様のひとりの人間としての子どもの基本的人権並びに個人の尊厳が認められている。ただし、同時に子どもは成長する過程において保護され、養育されるべき存在であり、その環境を社会の責任で整えなければならない点が示されている。その際の基本原則として、子どもの最善の利益が掲げら

---

1　子どもの権利条約は前文と本文54条からなり、その対象は18歳未満の子どもである。日本は1994年に批准した。

れている。また、子どもが幸福、愛情、理解のある環境の下で成長すべきであると述べられている。

　これを受ける形で、日本の児童福祉法第1条では、すべての児童が適切に養育され、その生活を保障され、愛され、保護される権利を有すること、第2条では、児童の意見が尊重され、その最善の利益が優先して考慮されるよう、すべての国民が努めなければならないと規定されている。これは、日本国憲法第25条の生存権を基底とするものである。

　加えて、2023年にこども家庭庁の設置と同時に施行された「こども基本法」は、養育、医療、保健、福祉、教育、療育等の領域に関する子どもの権利を総合的に保障する法律である。その第1条では、「日本国憲法及び児童の権利に関する条約の精神にのっとり、次代の社会を担う全ての子どもが…略…将来にわたって幸福な生活を送ることができる社会の実現を目指して」こども施策を総合的に推進すると明記されている。また、第3条では、「全てのこどもについて、適切に養育されること、その生活を保障されること、愛され保護されること…略…教育を受ける機会が等しく与えられること」や「自己に直接関係する全ての事項に関して意見を表明する機会及び多様な社会的活動に参画する機会が確保されること」「その意見が尊重され、その最善の利益が優先して考慮されること」が基本理念として掲げられている。

　このように、現在、子どもの権利保障が日本社会のなかでようやく隆盛になりつつあるといえる。その特長は、子どもの権利条約の精神を受ける形で、子どもが愛されるべき存在であり、子どもの幸福（ウェルビーイング）に向けて、子どもの最善の利益の担保とそのための子どもの参加の権利がうたわれているところにある。子どもの参加の権利は、子どもの権利条約の次のような条項のなかに規定されている。第12条の意見表明権、第13条の表現の自由の権利、第14条の思想・良心・宗教

の自由の権利、第15条の集会・結社の自由の権利、第17条の情報への
アクセス権、第23条の障害のある子どもの社会参加権、第29条の多様
な価値の尊重と自由な社会で責任ある市民になるための教育を受ける権
利等である。

　これらは、子どもを保護され、権利を享受する存在としてのみならず、
権利の積極的な行使主体と位置づけ（勝野・酒井，1999）、権利を実現
するためにも社会参加をする能動的市民として捉えている。つまり、コ
ミュニティづくりにおける子どもの参加を考える際には、子どもは大人
と同様の権利を有する主体であり、自身と社会のウェルビーイングに向
けて協働する対等な存在として認識することがまずは重要となる。

## （2）ソーシャル・キャピタルの醸成とウェルビーイング

　社会参加に関する理論的蓄積がある研究領域として、ソーシャル・キ
ャピタル研究がある。ソーシャル・キャピタルは、人々のつながりに着
目した概念である。そこでは、どういったつながりがどのような効果を
持つのかが主に研究されている。人々のつながりを作るのが参加行為で
あり、人々はどこでどの程度のどういった参加を行っているのかが調査
の際には指標化される。たとえば、NPO団体で月に1回自主的に子ど
もと遊ぶボランティア活動をしている等である。そうした社会参加を通
じて形成されたつながりによって、社会のなかにお互い様といった相互
の協力行為を促す互酬性の規範が蓄積されたり、信頼関係が生み出され
たりする。これらを通じて、コミュニティの秩序の安定や民主主義の進
展が見られ、経済状況も改善される点がこれまで明らかにされてきた
（Putnam, 1993-2001）。また、子どもの成長を促す際にソーシャル・キ
ャピタル概念に着目する理由は、それが子どもの学力等の様々な能力、
意欲といった社会情動的スキル、ウェルビーイングを高める点が先行研

究から明らかにされているからである（志水，2014、露口，2016；2017等）。

　同時に、ソーシャル・キャピタル研究は、つながりの質に目を向ける重要性を指摘してきた。ソーシャル・キャピタルには、主に次の2形態があるとされる。1つ目は、集団内の絆に示される結束型（Bonding）である。強い絆が仲間内の信頼や安心を生み出し、組織内部での改革の実行可能性を高めたり、コミュニティ内における健康や福祉にプラスの影響を及ぼし、生活の安定を促したりする。ただし、結合型の集団は内向きであり、よそ者を排除し受け入れないという排他性や帰属集団への利益誘導、および内部規範による個人の自由の制約といった欠点を併せ持つとされている。こうした結束型のソーシャル・キャピタルの欠点を補い、さらなる社会的利益を生むのが2つ目の橋渡し型（bridging）である。橋渡し型の特長は、異質な人々を対等に結びつけ、社会の平等、公正、寛容、自由といった側面にアプローチするところにある。

　先行研究は、結束型の有する伝統的な凝集性が、人々の精神的健康やウェルビーイングに負の影響を及ぼす点、一方で橋渡し型のつながりによって生み出された互酬性や信頼が人々の安心感とウェルビーイングの向上に寄与する点を明らかにしてきた（辻・佐藤，2014）。また、橋渡し型のつながりが人々のさらなる社会参加を助長し、市民社会の形成を促進する点（Marschall and Stolle，2004）を示してきた。ただし、2形態を相反するものとして定位するだけではなく、それらの相互の利点を生かすことも求めている。たとえば、三隅（2014）は、結束型のソーシャル・キャピタルが社会への信頼を高め、橋渡し型のソーシャル・キャピタルが社会における互酬性の規範を促し、それらが相互に影響を与える結果を示している。

　これらから、第1に、コミュニティのなかで現在に子どもが利用可能

なソーシャル・キャピタルを醸成するとともに、それを通じて子どもたちが将来的に市民社会を形成する力を育成する必要があると言える。そのために、子どもの現在の参加の権利を保障し、それを通じて子どもが将来的に社会を創る力を身につける学校教育が求められる。第2に、その際につながりの質、つまり関係性の質を考慮し、排除を生み出さない寛容で公正[2]な民主主義社会を形成するための参加の在り方を模索することが重要となる。これは、学校内の同調圧力を弱め、多様な他者を承認し、互いのニーズに応答するケアする関係性を構築する契機となる[3]。同時に子どもがコミュニティ内の統制や排除に敏感になり、開放的で水平的な包摂型のコミュニティづくりを促す力を身につける活動にもつながる。

### (3) サービスラーニングとシティズンシップ教育

　前節を踏まえると、子どもの社会参加は教育の方法であり、身につけることが期待される態度・価値でもあるといえる。アメリカでは、善き市民を育成し、アメリカ民主主義を再生させるために、1990年に「国家およびコミュニティ・サービス法」が制定された。その後、まずは大学で、続いて高等学校や小中学校でサービスラーニングが導入された。唐木(2010)によると、サービスラーニングは、子どもがコミュニティの社会的課題(ニーズ)に取り組み、課題解決のプロセスを体験的に学びながら、市民的責任を身につけるための教育方法を意味する。そこには、「個人は参加すればするほど、より有能に参加するようになる」(上掲書：36)というように、社会参加をするための技能は、社会参加を通

---

2　公正とは、基本的には分配原理の下、社会全体の財を社会のなかで最も不利な状態にある構成員にとって最大の利益になるよう傾斜配分することである(ロールズ、2001＝2010)。

3　ケアの基本には愛があるとされる。前節では大人から愛される子ども像が描かれていたが、子ども同士、あるいは子どもから他者への愛の受け渡しも重要である(ノディングス，1984–1997)。

してこそ学ぶことができるという考え方がある。

　ただし、社会参加という活動をしていれば自ずと学びが生まれ、将来的にも社会参加をする意欲と力量が高まると想定するのは短絡的なようである。上述したように、サービスラーニングは、善き市民となるコンピテンシーの獲得、つまりシティズンシップの育成がその目標である。その場合に、シティズンシップを、個人が有する諸権利を意味する狭義の定義にとどめるのではなく、民主主義社会を創る担い手に求められる態度・価値という広義の定義から捉える視点が必要となる。具体的には、社会的正義や公正や市民の平等、差異の尊重、偏見や差別への否定的態度、個人の尊厳や自由の尊重、民主主義の信奉等の市民性に加え、コミュニティに所属し、参加し、行動することが含まれる（中山，2010）。そのため、これらの吟味と精査を行い、習得に向けた綿密な学習活動の実施が求められる。それゆえ、唐木（2010）は、サービスラーニングを成立させるための条件として、①社会問題を発見し解決に近づける一連の学習プロセスをたどるプロジェクト型にする、②読む・書く、為す・話すに関する深いリフレクション（ケアの感覚の育成も含まれる）を行う、③教室で習得した学問的知識や技能を活用させるために、教科を中心とする学問的カリキュラムと統合することを提案する。

　これらは、日本の社会参加を考えるうえで援用しうる知見であると思われる。前節で述べたように、寛容で公正な民主主義社会の形成のためには関係性の質が重要であった。それを構築するための方法としての社会参加においても、シティズンシップの意味内容を検討し、そのための深いリフレクションを行いながら、その他の学習事項と関連づけながら総合的に考え、行動することが求められる。今後必要とされるコンピテンシーを提示したOECD2030においても、「変化を起こすために、自分で目標を設定し、振り返り、責任を持って行動する能力」（白井，2020：

79）であるエージェンシーの発揮とグローバルシティズンシップの獲得が期待されている。

　したがって、コミュニティづくりと子どもの参加を考えるうえでは、個人と社会のウェルビーイングを高める公正な民主主義社会の形成に向けて、子どもが既習内容を生かして問題解決学習にリクレクションをしながら取り組む学習活動を重視することが重要であると考えられる。ただし、第1節でも述べたように、子どもは成長の過程にある。そのため、子どもの責任は有限であり、まずは愛され、次に保護され、援助されるべきであり、子どもが失敗を恐れずに挑戦する意欲を持てる風土と環境を整えることが求められる。そして、社会参加を後押ししつつも、実際にアクションを起こすかどうかについては、子どもの自己選択に委ねてもよい。書物（あるいは作者）と自己との対話を通じて哲学的思索を重ね、それを世に発表することもアクションである。目に見える活動だけをアクションとして捉えるのではなく、幅広い視点からの社会参加を想定してもよいだろう。

## 2. 子どもの参加の実践的課題

### （1）参加の多様な領域

　子どもの参加に関する権利問題を解決するために、子どもの発達段階と力量に合わせた参加の在り様を描いたものとして参加のはしごが有名である（図8−1）。子どもの参加の状況を8の段階にわけて示したもので、1の操り段階から8の子どもが主体的に取りかかり、大人と一緒に決定する段階までのはしごを登るイメージとなっている。この対象となる子どもは14歳くらいまでの10代前半であるため、8よりうえの想定がなされていない。ただし、これは、子どもの参加の指標としてではなく、大人が子どもの参加を考える際の反省的視点を得るための材料と

126

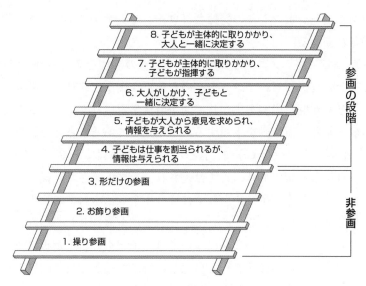

図8－1　参加のはしご
ハート「子どもの参画」萌文社、（2000：42）を参考に作成

　して提示されたものとして捉えるとよい。子どもを操っていないか、お
飾りとして扱っていないか、形だけの参加をさせていないか等、大人の
深いリフレクションを誘う内容となっている。ここからは、子どもの参
加を進めるうえで、子どもがリフレクションをするのみならず、大人の
リフレクションも必要である点が示唆される。

　また、子どもの参加が段階的に示されてはいるものの、8段目にならないと参加とはいえないというものでもない。上述したように、参加には多様な在り様があり、操られて参加する段階でも参加ではある。ハート自身も「子どもたちは、いつもできる限り最上のランクで活動しなければいけないわけではない。特に大切なことは、適切な選択をすることである」（上掲書：43）と述べている。実際に、大人が社会参加する際

**図8－2　参加の車輪**

中山「シティズンシップへの教育」新曜社（2010：6）を参考に作成

にも、誰かにいわれて仕方なく参加する場合もある。しかし、そこから学びを得る場合もある。また、中山（2010）は、ハルドーソンによる参加の車輪を紹介している（図8－2）。ハルドーソンは、ハートの参加論が意思決定への参加に偏重していると異論を唱え、参加の多様な領域を表した。ここには、傾聴や休憩への参加が示されており、参加の対象を広がりが見て取れる。

　したがって、子どもの参加の領域を限定せず、幅広い観点から参加の有り様を検討し、実践を進めることが求められよう。

### （2）参加における子どもの声

　参加論で重視されるのは、どのような領域にしろ、子どもが権利の主体であり、子どもの意思決定を尊重するという姿勢である。そのためには、子ども自身が権利主体であることを学び、自身に意志決定権があると知らなければならない。ただ、知ったとしても、意思を表明するとい

うのは難しい作業である場合がある。たとえば、社会経済的に困難を抱える子どもの場合、自身の窮状や思いを内なる声として言葉にして伝えることが難しい。その理由として、自身の置かれている苦境に気づいていなかったり、自身の窮状を伝えることが恥辱や屈辱であったりする場合もあるが、言語の問題もある。

　言語の問題は、「言説の資源」[4]の欠如と置き換えられる問題である。弱者やマイノリティの人々はこれら資源を有していない場合が多く、それゆえに声を出せずに、公共の場から排除される。この問題は、かつて、バーンスティン（1978-1985）が、中産階級と下層労働者階級では家庭で主に使用される社会言語コードが異なり、それが学校における子どもの経験や学業達成に影響を与えることを明らかにしたものと重なる。これは、学校に親和的とされる中産階級の社会言語コードを有する子どもは学校でうまくやっていけるのに対し、学校とは異なる社会言語コードを有する下層労働者階級の子どもは学校でうまくやっていけない状況を明らかにしたものである。

　つまり、困難を抱える子どもは、そもそも学習活動という公共の場への参加の時点で言語的不利を被っており、学校での授業といったフォーマルな場面で声を発しにくく、周縁化されやすい状況にある。それが、「言説の資源」の欠如という形で、将来への負の遺産として引き継がれ、人々の社会参加の意欲を削いでいくといえる。

　同様に、古田（2021）も社会経済的格差の低位に置かれた子どもが、民主主義への参加から疎外される要因として、学校の隠れたカリキュラム、彼らの生まれ育つ環境とそこでの経験、その背後にある社会構造的

---

4　齋藤（2000）は、弱者やマイノリティの人々の公共性からのインフォーマルな排除の問題を考えるに際して「言説の資源」という目に見えない資源に注目する必要性を主張する。「言説の資源」（齋藤，2000：11-12）は、語彙（当面のコンテクストにふさわしいとされている言葉の使用）、言説のトーン（合理的とされている語り方・書き方）、公共の場にふさわしいテーマを語らなければならないという暗黙の規範的要求からなるものである。

な不平等があると指摘する。一方、氏は学校のカリキュラムを通じて、困難を抱える子どもの社会参加が促進されうる点についても言及し、その場合に子どもの声が重要であると指摘する（古田，2021）。ジルー他（1986）も、特に学校で普段聴かれない子どもの声が聴かれるようになることが周縁化された子どものアイデンティティを承認し、学習活動を通して社会に参加していく契機になるとし、「声が現れる」（p. 235）ことを求める。この場合の声とは、個人が生きてきた歴史や経験、文化によって形づくられた自分自身なりの言葉で発話することを指す。これは、ありのままの子どもの承認につながる。

　これらを踏まえると、まずは子どもを承認し、次に愛し保護するなかで、子どもが自らの思いや考えを少しずつでも何らかの形で表現できるようにする関係性を築くことが社会参加を促進するための基盤となる。それは、言葉にならない言葉を受け止めるところから始まるものであり、子どもの内なる声を察知し、汲み取る姿勢を必要とするものであろう。また、学校や公的な場で用いられる言葉でなくとも意見を表明できるし、そうしてもよいと誰もが思える仕組みと風土づくりを求めるものであろう。

　第1節で述べた子どもの権利は、こうした困難を抱える子どもの権利保障を包含したものである。そのため、子どもの権利条約が持続可能な開発目標（SDGs）[5]と結びつけて実効性のあるものとなるよう、また、日本の子どもが自身の状況を相対化できるように、困難を抱える子どもの読みやすい本が出版されていたり、情報がネットに掲載されたりしている（国際子ども権利センター・甲斐田，2019）。たとえば、そのなかには、JKビジネスを扱う項目がある。そこではJKビジネスが子どもの権利

---

5　SDGsの17の目標と子どもの権利の実現には重なるところが多いため、それらを関連させて捉え、両者の達成を図ることを求める記述は多い。たとえば、SDGsの目標4「質の高い教育をみんなに」は、教育を通して一人ひとりが公正や多様性について学び、グローバル市民としての意識を高めることを掲げている。その教育過程には、子どもの主体的な参加の促進も含まれる。

条約第 35 条の人身売買の禁止に相当すること、そして、日本政府の対応の甘い点が指摘されている。こうした事例や、世界の子どもたちの苦境を学ぶところから、子どものなかには、自身の状況を客観的に把握し、声を出し始める子どももいる。このような子どもの声を含め、弱者やマイノリティ等の多様な立場にある人々の声を反映し、「Transforming Our World」（世界を変えること）が、世界における持続可能な社会づくりの第一歩として望まれている。

## 3. 学校のカリキュラムを通じてのコミュニティづくりへの子どもの参加

　近年、総合的な学習の時間を使用して、社会課題を発見し、解決策を考える学習が多くの学校で行われている（第 6 章参照）。それは、上記で述べたサービスラーニングの条件を兼ね備えたもので、子どもの社会参加を促してコミュニティのソーシャル・キャピタルを醸成したり、子どもの声を引き出しながら子どもの多様な参加を促進したりしつつある。本節では、熊本市立月出小学校の総合的な学習の時間の取組みを紹介する。

　熊本市立月出小学校は、熊本市の中心部から車で 25 分ほどの東部に位置する。周辺には田畑が一部残されているものの、住宅が立ち並ぶ。児童数は年々減少傾向にあり、2022 年度は 441 名で、各学年 2 ～ 3 クラス構成となっている。学校教育目標は、豊かな人生と持続可能な社会づくりに向けて、自ら考え主体的に行動できる児童の育成である。これは、熊本市教育振興基本計画にある教育理念と重なる。また、月出小学校が 2020 年度より行ってきた、「持続可能な社会づくりに向かって、主体的・協働的に活動できる児童の育成」の研究を反映したものでもある。学校教育目標を達成する行動指針のひとつに「温かい信頼関係を基盤として、

児童のよさや可能性を伸ばし、一人一人が生き生きと活動する学校づく
りに努める」とある。2022 年度在任の校長先生は、子どもと教師、教
師同士、ひいては学校のなかに温かな関係性が醸成される学校づくりを
めざしていた。

　月出小学校の上記研究では、ESD（持続可能な開発のための教育）の
視点を教育活動に取り入れ、各学年で総合的な学習の時間を中心とした
ESD カレンダーを作成している（図 8 - 3）。ESD カレンダーには、各
教科等で学習する単元が各月ごとに教科横断的に示されている。それは、
カリキュラム・マネジメントを通じて見出だされたものである。また、
それらと ESD で身につける 7 つの能力・態度、ESD にかかわる課題を
見出だすための 6 つの視点[6]、SDGs の 17 の目標が結びつけられ、各学
年の年間構想として表されている。なお、総合的な学習の時間を通じて、
知識・技能、思考力・判断力・表現力、学びに向かう力・人間性等（月
出小学校の場合は、主体性・協働性・自己理解・他者理解・社会参画の
5 つを設定）の育成がめざされている。

　以下、2022 年度に行われた 6 年生の総合的な学習の時間について述
べる。6 年生では、国語と総合的な学習の時間の教科横断的な取組みを
実施した（表 8 - 1）。これは、当該 6 年生が、2021 年度の 5 年生時に
行ったフェアトレード学習を踏まえたものである。

　1 学期は、国語科「防災ポスターをつくろう」の単元において、フェ
アトレードポスターを作成した。この学習では、フェアトレードの意義
や課題について、活動している方々に話を聞いたり、自分たちで調べた
りしたことをポスター（壁新聞）の形で、他者に伝わりやすくするため

---

6　ESD で身につける 7 つの能力・態度は、①批判的に考える力，②未来像を予想
して計画を立てる力，③多面的総合的に考える力，④コミュニケーションを行う力，
⑤他者と協力する態度，⑥つながりを尊重する態度，⑦進んで参加する態度である。
ESD にかかわる課題を見出だすための 6 つの視点は、多様性，相互性，有限性，公
平性，連携性，責任性である。いずれも、国立教育政策研究所（2015）『「持続可能
な開発のための教育（ESD）」はこれからの合言葉』より引用されている。

図8－3　第6学年　ESDカレンダー

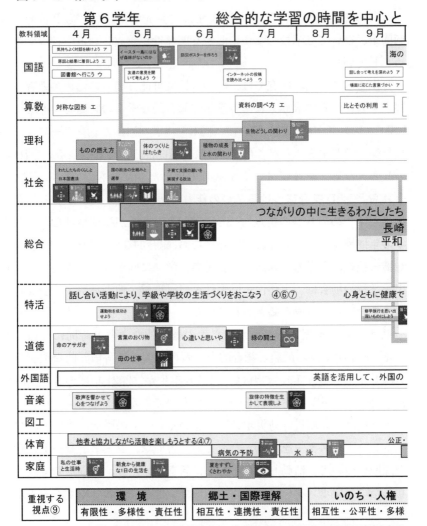

| 重視する<br>視点⑨ | 環　境<br>有限性・多様性・責任性 | | 郷土・国際理解<br>相互性・連携性・責任性 | | いのち・人権<br>相互性・公平性・多様 | |
|---|---|---|---|---|---|---|

多様性‥‥いろいろある　　相互性‥‥関わり合っている
有限性‥‥限りがある　　　公平性‥‥一人一人大切に
連携性‥‥力を合わせて　　責任性‥‥役割や責任をもって

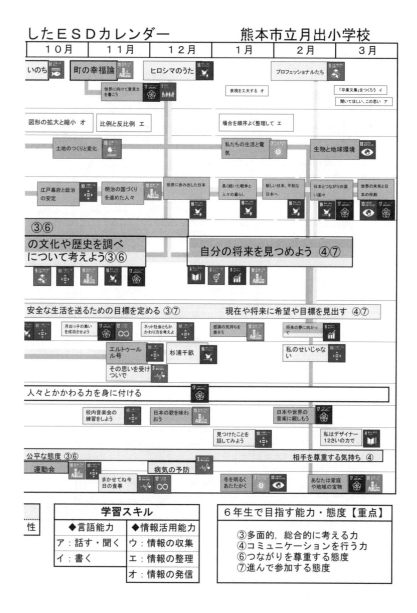

### 表8-1　令和4年度2学期　国語と総合的な学習の時間の単元計画

熊本市立月出小　令和4年度　2学期　国語・総合単元計画

| 資質・能力（能力・態度） | 合計時数 | 国語 | 総合的な学習の時間 | 国語既習内容 |
|---|---|---|---|---|
| （思，判，表）B書くこと 引用したり，図表やグラフなどを用いたりして，自分の考えが伝わるように書き表し方を工夫すること | 16 | ○フェアトレードポスターを作ろう（1学期）★表現の効果を考えて報告する<br>1～7フェアトレードポスターを作ろう。 | ○つながりの中にいるわたしたち（1学期）<br>1～9フェアトレードについて調べよう。・明石さんの話を聞いてフェアトレードについて考え。 | 「環境問題について報告しよう」★資料を活用して報告する（5年）「原因と結果に着目しよう」（6年） |
| （思，判，表）A話すこと・聞くこと 資料を活用するなどして，自分の考えが伝わるように表現を工夫すること。c読むこと(1)ウ目的に応じて，文章と図表などを結びつけるなどして必要な情報を見つけたり，論の進め方について考えたりすること。 | | ○町の未来をえがこう（2学期）★情報を関係付けて活用する ★プレゼンテーションをする | ○つながりの中にいるわたしたち（2学期） | 「資料を見て考えたことを話そう」★考えが明確になるように話す ★資料と関係付けて話す（5年）「和の文化を受けつぐ」★必要な情報を見つける（5年）「イースター島にはなぜ森林がないのか」★筆者の論の進め方をとらえる（6年）「フェアトレードポスターを作ろう」★表現の効果を考えて報告する（6年） |
| | 1 | 1学習課題を確かめよう。 | | |
| | 2 | | 1町について知ろう。(東部公民館・東部町づくりセンター) | |
| | 3 | | 2町の取り組み見つけよう | |
| | 4 | 2町の幸福論を読もう。（構成を考えよう） | | |
| | 5 | 3町の幸福論を読もう。（本論「事例」を読み取る） | | |
| | 6 | 4町の幸福論を読もう。（本論「バックキャスティング」を読み取る） | | |
| | 7 | | 3町の課題について考えよう。 | |
| | 8 | | 4情報を集めよう。 | |
| | 9 | | 5情報を集めよう。 | |
| | 10 | 5提案することを考えよう。 | | |
| | 11 | 6プレゼンテーションの構成を考えよう。 | | |
| | 12 | 7プレゼンテーションの練習をしよう。 | | |
| | 13 | 8プレゼンテーションををしよう。 | | |
| | 13 | 9プレゼンテーションをしよう。 | | |
| | 14 | 10学習を振り返ろう。 | | |
| （思，判，表）B書くこと(1)ウ目的や意図に応じて簡単に書いたり詳しく書いたりするとともに，事実と感想，意見とを区別して書いたりするなど，自分の考えが伝わるように書き表し方を工夫すること。 | | ○世界に向けて意見文を書こう（2学期）★説得力のある意見文を書く | ○つながりの中にいるわたしたち（2学期） | 「反対の立場を考えて意見文を書こう」★反対意見を考えて書く（5年）「フェアトレードポスターを作ろう」（6年）「町の未来をえがこう」(6年) |
| | 1 | 1学習課題を確かめよう。 | | |
| | 2 | | 1今まで学習したことを整理しよう。 | |
| | 3 | 2教材文を読もう。（書き表し方の工夫を読み取る） | | |
| | 4 | | 2フェアトレードについて調べよう。 | |
| | 5 | | 3貿易ゲームをしよう。 | |
| | 6 | | 4フェアトレードについて調べよう。 | |
| | 7 | 3フェアトレードについて意見文を書こう。 | | |
| | 8 | 4フェアトレードについて意見文を書こう。 | | |
| | 9 | 5フェアトレードについて意見文を書こう。 | | |
| | 10 | | 5どこかに掲示してもらおう。 | |

の工夫をしながら表現した。

　2学期は、国語科「町の未来をえがこう」の単元において、教科書の「町の幸福論」を教材にして町づくりの提案を行った。その際、授業者は、フェアトレードの意味を生かしながら、他者と協働していかに公正でウェルビーイングを保障する社会をつくるのかという観点に目を向けるよう説明を行った。授業の流れは、以下の通りである。まず、子どもが住む町の現実課題を知るため、地域住民から話を聞く機会を設けた。そのなかで、公園の少なさや使い方、若者の居場所の少なさ、街灯の少なさや暗さ、不審者の出没、ゴミ問題、少子高齢化等の問題があることを子どもたちは知った。また、自分たち自身でも、ひとり1台端末を使用して情報を収集し、町の問題について調べた。そのなかから、自身が関心を持って調べたい問題をひとりずつあげていき、同じような問題に関心を持つ子どもをグループにしたところ、計6つのチームにわかれることとなった。

　そのなかで、若者の居場所の少なさに関心を持ったチームについて、以下詳述する。本チームには、公園の少なさや空き家問題に関心を持っていた子どもが集まっていた。当初、子どもたちは、公園が少ないために居場所が少ないという場所との関連のみで考えていたため、解決策として、公園を増やせばいいという案を出そうとしていた。しかしながら、居場所とは何かを調べ始めると、場所の問題だけではなく、温かな関係性がそこにあることに気づいていった。同時に、居場所の必要な若者が、貧困等の困難を抱えていること、家庭のなかで温かな関係性が持ちにくいことなどを自分たちで調べて知っていった。最初は、「そんなことあるの？」と驚いていた子どもも、様々な家庭的背景があり、困りごとを抱える若者が存在すること、それは若者だけの問題ではなく、自分たちと同年齢の子どもも同じである点について学んでいった。また、高齢者

も実は孤独の問題を抱えており、いずれの年齢でも居場所は必要なのではないかと問題を掘り下げていった（図8－4，資料1）。

その過程では、「もし居場所がないなら言えばいい」というAさんの発言に対し、困難を抱える子どもの事情を知ったBさんからは「言えないのかもしれない」との返答があった。それでも「言えるでしょ」とするAさんに対して、「だっていじめられてても言えないでしょ。それと同じじゃない？」とCさんが応答し、チーム内には、困難を抱える子どもの声の出しにくさを問題とする認識が広がっていった。

そのうえで、困難を抱える子どもが何でも話せて温かな関係性を築けるところとして、子ども食堂を町に作ればどうかという案が出された。子どもたちが子ども食堂について調べたところ、子ども食堂は子どもだけが行くところではなく、すべての年齢の人が行けるようになっているところが多いと分かり、空き家の問題を解決するためにも空き家を使用すればいいなどの提案がなされた。その後、若者の居場所の問題に限らず、その他の問題を含めて総合的に解決する案が出されることとなった（図8－5，資料2・3）。

子どもたちは、幸福な町づくりに向けて、これら自分たちの提案をスライドにまとめ、公民館やまちづくりセンター、近くにある大学、市役所、自治会の方々に発表した。なお、資料1～3は、子どもたちが自分たちの町づくり案をプレゼンテーションした際に使用したスライドである。子どもたちは、発表後に次のような振り返りを書いている。

・今日発表した提案が、本当に実行できるようにしたいです。スーパーにポスターを貼ったり、イベントを開くのは、田中さんたちと協力してできるから、□□（場所の名前）とかで広められたらいいなと思いました。

図8－4　資料1

若い人の居場所だけじゃなく

居場所

幅広い年齢の人の居場所が少なくなっている

図8－5　資料2・3

空き家を

居場所に活用

・（発表では）みんなに本当かちゃんと理解してもらうために、実際に警察官に聞きましたと言いました。

・田中さんや、川口さんなどのおかげで、町についての相談をしたり、たくさんのことをもっと勉強したりしたいと思いました。

・もっとしたいことをアピールして楽しいことを増やしたいです。あと餅つき大会にもいきます！

・学んだことを使って○○（学校内の別の取組み）などがんばりたいです。

　今回の事例では、コミュニティづくりへの子どもの参加として、提案
をするという意見表明を行っている。学校によっては、実際にアクショ
ンを起こして、子ども食堂を開催したり、ゴミ拾いをしたりする場合も
あるが、参加の有り様や形態は多様であってよい。また、高等学校では
探究学習の導入に伴い、学年が上がるにつれて、自分たちでイベントを
開催したり、フィールドワークに行って調べたりする活動が増えるもの
の、アクションを起こせば参加と見なされるわけではない。実際に大人
である我々も、たとえば世界の児童労働が減るよう国策への提案や意見
表明を行ったりするが、海外に行ってそうした子どもを救い出すところ
まではなかなかしにくい。

　大切なのは、振り返りに示されたように、子どもが実際に実行したい
と参加意欲を高めつつあったこと、調べる過程で警察官に聞くというよ
うに丁寧に根拠を見出だそうとしていること（聞くこともアクションに
含まれる）、町づくりへの参加を通して学習意欲を高めつつあったこと、
地域活動に参加しようとしていること、学習内容を転移させて別の取組
みへの意欲を高めつつあったことなどである。つまり、様々な人と触れ
合いながら、学びや社会参加への意欲を高めつつある点が重要となる。

　このような6年生の姿はこれまでの学びの積み重ねの集大成である。
なお、昨年の段階では、以下のような学習活動を行っている。昨年の5
年生時は、総合的な学習の時間のなかで環境をテーマに学習を進めた。
子どもたちが月出校区の良さと問題点を挙げるなかで、地域を流れる健
軍川については「ゴミが多い」「水が汚い」「生き物が少ない」などの意
見が出た。そこで、実際に健軍川にいくと「結構ゴミが落ちていた」「土
手のところには、コスモスのような黄色い花が咲いてあって、きれいに
感じた」という「汚い」と「きれい」の2つのイメージにわかれる結果
となった。これは、子どもたちが自身のイメージと現実の違いを見出だ

すところから、自身の思い込みからくる固定観念や偏見に気づく経験となった。その後、水質テストの結果を県環境推進課の出前講座で学んだり、地域住民から清掃活動についての聞き取りを行ったりするなかで、環境保全活動への意欲を高めた子どもたちは、実際に清掃を行ったり、川に花を植えたりする取組みを実施した。この実践の重要な点は、子どもが自身の固定観念や偏見をアンラーニングをする過程を設けることで、多様な見方をできるようになり、他者の多様な声にも耳を傾けられるようになる素地をつくりつつあった点である。また、実際に活動をしている地域住民等の話を聞くことで、社会参加の意欲を高めつつあった点である。さらに、コミュニティづくりへの参加を実際の活動を通して行うことで、子どもたちは身体性を伴う経験を積み、現在や将来の社会参加をしやすくなったのではないかと思われる。

　これらから示唆されるように、子どもが内なる声を出せる授業づくりを行い、言葉の問題を克服しつつ、社会に参加する経験を積み、その意欲を育むようなカリキュラムづくりは非常に重要である。それによって、多様な他者と子どもとのつながりを作り、子どもが持続可能で公正な民主主義社会を形成する主体となるための権利と学びと活動の場を保障することが学校の役割であると考えられる。

## 研究課題

1．子どもの参加に関連する法律や条約について調べてください。
2．子どもの参加に関連する理論について、論文等を調べながらまとめてください。
3．コミュニティへの子どもの参加を促進するための授業案（目標・内容・方法）を考えてください。

## 参考・引用文献

Bernstein, B. (1978) *Class, Codes and Control, Volume3, Towards a theory of educational transmissions 2^{nd} edition*, Routledge & Kegan Paul Ltd, (= 萩原元昭編訳 (1985)『教育伝達の社会学』明示図書)

古田雄一 (2021)『現代アメリカ貧困地域の市民性教育改革』東信堂

Giroux, H.A.& McLaren, P. (1986) *Teacher Education and the Politics of Engagement*, Harvard Educational Review, Vol.56, No.3, pp. 213-238

ハート、R.(木下勇・田中治彦・南博文監修、IPA 日本支部訳)(2000)『子どもの参画』萌文社

勝野尚行・酒井博世 (1999)『現代日本の教育と学校参加』法律文化社

唐木清志 (2010)『アメリカ公民教育におけるサービス・ラーニング』東信堂

国際子ども権利センター・甲斐田万智子 (2019)『世界中の子どもの権利をまもる30 の方法』合同出版

Marschall, M, J, and Stolle, D, (2004) "Race and ths City: Neighborhood Context and the Development of Generalized Trust," *Political Behavior*, 26 (2), pp. 125-153.

中山あおい・石川聡子・森実他 (2010)『シティズンシップへの教育』新曜社

Noddings, N. (1984) *Caring*, University of California Press, (= 立山善康、清水重樹、新茂茂之・林泰成、宮崎宏志訳 (1997)『ケアリング』晃洋書房)

Putnam, R.D. (1993) *Making democracy work: Civic tradition in modern Itary*, Princrton University Press (= 河田潤一訳 (2001)『哲学する民主主義』NTT 出版)

Rawls, J. edited by Kelly, E. (2001) *Justice as Fairness*, Harvard University Press. (= 2010、田中成明・亀本洋他訳『公正としての正義　再説』岩波新書)

齋藤純一 (2000)『公共性』岩波書店

志水宏吉 (2014)『「つながり格差」が学力格差を生む』亜紀書房

辻竜平・佐藤嘉倫 (2014)『ソーシャル・キャピタルと格差社会』東京大学出版会

露口健司 (2016)『ソーシャル・キャピタルと教育』ミネルヴァ書房

露口健司 (2017)「学校におけるソーシャル・キャピタルと主観的幸福感」『愛媛大学教育学部紀要』64 号、pp. 171-198

# 9 ｜ 地域社会における学習を支える集団・団体

大木真徳

《**目標＆ポイント**》 地域社会には、住民の学習を支える多様な集団・団体が
存在し、そこでのコミュニティ形成に寄与している。この章では、特に社会
教育領域での集団・団体に焦点をあてて、その役割や課題について検討する
ことにより、教育や学習において集団・団体が持つ意味を理解することを目
指す。
《**キーワード**》 集団・団体、自主性・主体性、学習方法としての集団、社会
教育、社会教育関係団体、NPO、地域の教育力

## 1. 集団・団体と学習支援

### （1） 地域社会の集団・団体

　地域社会には実に多様な集団が形成されている。集団の性格・機能・
構造等は地域社会を特徴づけるものであり、その分析・検討は地域社会
を理解するうえでの重要な手立てとして見なされてきた。

　集団の類型は様々であるが、たとえば血縁集団や地縁集団といった類
型はよく耳にするものであろう。これらは「縁」、つまりそこで人々を
つなげるものに着目した分類である。血縁や地縁に基づく集団は地域社
会において自然発生的に形成される共同体であり、人々の生活の前提と
なる原初的な集団という意味で「基礎集団」ともいわれたりする。

　それとは対照的に、特定の目的を達成するために意図的に作られる集
団を「機能集団」という。機能集団の場合、その集団の目的から、政
治・経済・文化等の領域によって区分することが可能であり、地域社会

の維持や発展のために様々な領域で集団が形成されていることは自明のことである。

　集団と類似した言葉に「団体」がある。団体については、ある共通の目的を持った人々から形成される集団を意味すると一般的に理解されるので機能集団にほぼ対応した言葉といってよいだろう。また、団体という場合は、そこでの人間関係がより組織化され、活動の統制がとれた状態にあることが想定されているともいえる。

**（2）集団・団体と教育**

　教育にかかわる集団・団体は多種多様に存在する。学校を児童・生徒や教員からなる集団として捉えるならば、まさに教育のための機能集団となるし、社会教育の領域では伝統的に青年団・婦人会・子ども会・PTA 等の団体の役割が重視されてきた。また、教育領域におけるいわゆる NPO の活動も盛んである。こうした集団・団体は、明確に教育を目的にして形成されるものであり、それぞれの目的に応じて、効果的な教育の在り方が検討されたうえで活動が行われていることになる。

　一方、血縁集団・地縁集団といった基礎集団にも教育的機能が備わっていることはよく指摘されるところである。人間は、地域社会での家族・近隣・仲間等の人間関係のなかで、様々な体験を通じて人格の形成や社会的規範の習得をする。血縁集団や地縁集団は人々の生活の全般にわたって種々の役割をはたすものであるが、そのなかでも人の社会化を促す教育的機能は、個人の成長・発達だけでなく地域社会の維持・発展という点からも見ても重要な意味を持っている。

　また、教育を主たる目的としていない機能集団・団体であっても、目的を達成する手段として教育を行うことは通常のことである。たとえば、経済活動を目的とした企業や会社といった団体であっても、その目的の

達成のためにいわゆる社員を対象とした教育に取り組んでいる。自然保護や人権問題等の社会的課題の解決に取り組む NPO を考えてみても、教育がそのための重要な手段となることはいうまでもない。

　このように見ると、教育とまったくかかわりを持たない集団・団体はないとさえいってもよいかもしれない。

## （3）学習方法としての集団

　集団を学習の方法・形態として捉えることもできる。その場合、集団での活動を通して、そこでの人々の相互作用による学習効果を期待するということになる。

　具体的なものとしては、まず学級を考えればよいだろう。学級は学校教育だけでなく社会教育の領域でも主要な学習方法・形態として位置づいてきた。とりわけ学校教育においては、学級編成が学校運営の根幹にかかわるものとして、教育効果を高める学級編成の在り方が絶えず検討の対象となっている。

　また、教育の領域では、学習方法・形態としての小集団を指して、グループやサークルという言葉も用いられてきた。これらの言葉については、明確な使い分けの基準があるわけではないが、グループについては、第二次大戦敗戦後の占領下政策において、民主的な団体運営の手法として導入されたり、サークルについては、1950 年代頃に当時の政治的な風潮を受け社会運動としての側面も持ちながら盛んになったりと、それぞれに歴史的・社会的な経緯がある言葉でもある。

　近年ではワークショップ論が隆盛している。学習方法としてのワークショップの利用はすっかり定着したといえ、あらゆる教育の場面で用いられている感がある。ワークショップも集団での活動を前提としたものであり、“workshop” が本来「工房」「作業場」を意味する言葉である

ことからすれば、芸術領域などにおいて共同での創作活動を通して得られる、参加者同士の影響や相互作用による学習効果を期待した方法と理解すべきであろう。ただ、現在では領域や活動内容などにかかわらず広く体験型のイベントを指してワークショップという言葉が使われているといってよく、あたかもワークショップの氾濫といえるような状況を呈している。

### （4）集団・団体と自発性・主体性

　近年のワークショップ論を見ると、そこでは手法あるいは技法への注目が特に高いようである。それゆえ、KJ 法やワールドカフェに代表される特定の手法が、まるで模倣したかのようにいたるところで実施されたり、アイスブレイクと呼ばれるようなワークショップの導入に用いられる活動さえも形式的な整理が進んでいたりする。

　そのような状況のなかで、技法や形式にのみ注目するのではなく、集団や団体による活動が教育・学習にとって持つ本質的な意味や課題について考える必要があろう。

　第 1 に、すでに述べてきたように、集団・団体での教育・学習という場合は、そこでの人間関係に焦点が当てられるという点である。人々の相互作用あるいは他者からの影響の持つ教育・学習効果が期待されるのである。

　そして、第 2 に、自発性・主体性とのかかわりである。これは第 1 の点ともかかわるが、教育・学習における集団・団体では、特に第二次世界大戦敗戦以降、人々の自発性・主体性を基盤とすることが前提とされてきたといってよい。言い方を変えれば、自発性・主体性を引き出し、伸長させるものとして、集団や団体が位置づけられてきたともいえる。この点については、「参加」の手段としての集団・団体という視座も設

定できよう。

　学校あるいは学級のように、必ずしも自発的に参加したとはいえないような教育のための集団・団体もあるが、その活動においてはやはり児童・生徒の自発性・主体性が尊重されることが前提であろう。社会教育の領域を見ると、団体活動における自発性・主体性の確保が具体的な制度においても問われてきた経緯があり、より積極的に集団・団体活動と自発性・主体性のかかわりが検討されてきたといえる。

## 2. 社会教育の団体と地域社会

### （1）社会教育の団体と施設

　社会教育の領域では、教育の場面を団体と施設に大別して捉えることが典型的に行われてきた。後者については公民館・図書館・博物館のような社会教育施設が想定され、一方、前者については青年団・婦人会・子ども会・PTAのような地域で活動する団体が想定されてきた。

　この社会教育における団体と施設をめぐっては、明治期以後の日本の伝統的な社会教育の特質として、施設よりも団体での教育が中心と見なされてきたことが定説として指摘される[1]。実際、第二次世界大戦敗戦までは、社会教育は団体の活動を中心に展開されたといってよい。図書館や博物館といった大衆のための教育施設が十分に普及していない状況のなかで、青年団を始めとする各種団体での活動が地域社会での重要な教育機会として位置づけられたのである。

　戦前には、そうした地域団体の育成が国家施策として展開され、そこでは社会教育の担い手としてだけでなく、国民の統合やそのための思想統制の手段としてもその役割が期待された。とりわけ、青年団はその中心的な存在として、日露戦争を契機に明治末から大正期には内務省と文部省がともに、その育成・奨励を目的とした本格的な施策を開始してお

---

1　その代表的な議論に、碓井正久が社会教育の歴史的特質として「官府的民衆教化性」「農村地域性」「青年中心性」と並んで「非施設・団体中心性」を指摘したものがある（碓井，1961）。

り、第二次世界大戦敗戦前の社会教育を特徴づけるものとなっている[2]。

## （2）社会教育関係団体という制度

　第二次大戦敗戦後の教育改革は、社会教育の団体をめぐる状況にも大きな変化をもたらした。敗戦後まもなく、新たな団体育成の施策が展開していくことになるが、そこでは戦前の社会教育における団体利用が国民統合や思想統制の手段にもなったことへの反省に立って、団体活動の基礎が自発性にあることが確認された。その点は、文部省が1945年9月に出した「新日本建設ノ教育方針」のなかで、取り組むべき諸施策のひとつとして「青少年団体」が挙げられ、それまでの「強権ニ依ル中央ノ統制ニ基ク団体」ではなく、「原則トシテ郷土ヲ中心トスル青少年ノ自発能動、共励切磋ノ団体」として新たな団体像が示されている点に象徴的に示されている。

　1949年には、社会教育法が制定され、「社会教育関係団体」なるものが規定されることになる。そこでは、社会教育関係団体は「法人であると否とを問わず、公の支配に属しない団体で社会教育に関する事業を行うことを主たる目的とするもの」（第10条）と定められた。この社会教育関係団体に対しては、その求めに応じる限りで、いわゆる行政による「専門的技術的指導又は助言」や「社会教育に関する事業に必要な物資の確保」といった援助が可能であることが示され（第11条）、いわば社会教育にかかわる団体を援助する制度として社会教育関係団体が整備されたといえる。

　ただし、社会教育関係団体に対しては、国や地方公共団体が「いかな

---

2　青年団をめぐっては、1920年代ごろに大正デモクラシーの機運に乗って、官僚統制から脱し構成員である青年による自治を目指した、いわゆる青年団自主化運動が展開されている。また、同時期には、これに関連するものとして、長野県や新潟県を中心に、地域青年による教育運動として自由大学運動が展開された事実もあり、戦前にも行政主導ではない地域青年による自主的・主体的な団体活動が模索・実践された事例があることには注意が必要である。

る方法によっても、不当に統制的支配を及ぼし、又はその事業に干渉を加えてはならない」（第12条）と両者の関係が規定され、団体の自律性を前提とすることが明記された。この観点から、社会教育法の制定当初は、社会教育関係団体に対して補助金を与えることも禁止されたのである。これは、日本国憲法第89条が、公の支配に属しない教育の事業に対する公金の支出を禁止していることを受けてのことでもあった。

　社会教育関係団体への補助金の支出に関しては、その活動をさらに助長する観点から、1959年の社会教育改正によって、条件つきで交付が認められることになる。この改正は憲法89条との兼ね合いも相まって、大きな議論となったところであるが、社会教育関係団体に対する「教育の事業」以外の事業への補助金は憲法の禁ずるところではないという理解の下で、その支出が可能と判断された（「憲法第89条にいう教育の事業について」1957年2月22日、社会教育局長あて法制局第一部長回答）。

　社会教育関係団体をめぐっては、行政とのかかわりが重要な論点となってきた経緯がある。これは何も社会教育関係団体に限ったことではなく、行政と民間の団体の関係について考えるとき、常に慎重さが求められるといってよい。つまり、団体の自律性を損なうことなく、適切な支援を行うことが求められるのである。自主性や主体性を基礎とする教育の領域では、とりわけこの点を強調する必要があろう。それは、支援というかかわり方のみでなく、連携・協働といわれるようなかかわり方を考えるうえでも同様である。

## 3. NPOと教育

### （1）NPOと地域社会

　近年、学校教育・社会教育を問わず、NPOへの注目が高い。教育行政あるいは学校や社会教育施設などの教育機関との連携相手として、NPO

に対する期待は高まる一方の様相である。ただし、この傾向は教育の領域のみではなく、行政全般に当てはまるものといえる。

　そもそも、NPO とは、Non-Profit Organization の略であり、営利を目的とせずに社会的・公共的な活動を展開する民間組織として、政府・行政組織や企業・会社等の民間営利組織と対置されて理解されるものである。日本では 1995 年の阪神淡路大震災を機に、ボランティア活動に対する制度的支援の必要が広く社会的に認識されるようになったことを受け、1998 年には特定非営利活動促進法が制定されており、この法律にのっとって法人格を取得した団体を指して NPO と呼ぶことも多い。なお、同法では、特定非営利活動の内容が具体的に列挙されており、「社会教育の推進を図る活動」や「子どもの健全育成を図る活動」等の教育に関連する事項が含まれている。

　NPO への行政側からの期待は、「新しい公共」という概念とも関連づけられながら展開されてきた。「新しい公共」とは、2000 年頃から政府内で注目されるようになり、2003 年の中央教育審議会答申「新しい時代にふさわしい教育基本法と教育振興基本計画の在り方について」においてすでに登場している言葉でもあるが、2009 年に発足した民主党政権が推進すべき政策目標として前面に打ち出したことによって、にわかに社会的な関心を集めることになったものである。

　政策用語として「新しい公共」が用いられる場合、そこでは、公共サービスの担い手を旧来のように行政に限定して考えるのではなく、地域住民や NPO あるいは企業などもその担い手となり社会全体で公共サービスの維持・向上に取り組む考え方が示されていると理解される。地域社会における公共サービスの担い手として NPO を積極的に位置づけようとするこうした姿勢は、いまでは国・地方公共団体のいずれにも共通するものになっているといってよい。

## （2）教育分野での NPO への期待

　教育分野での NPO への期待を具体的に見ると、たとえば、学校教育の文脈では学校外での体験活動の提供が挙げられる。2001 年には、学校教育法が改正され、各学校段階において「ボランティア活動など社会奉仕体験活動、自然体験活動その他の体験活動の充実に努めるもの」とされ、そのための「社会教育関係団体その他の関係団体及び関係機関との連携」にも配慮しなければならないことが示されたように、子どもの体験活動の充実は、学校と学校外の関係団体・機関との連携が求められるひとつの要因となってきた。そのなかで、学校と連携しつつ、子どもたちにボランティア活動や自然体験活動を提供する活動を行っている NPO も多い。こうした子どもたちの学校外での活動の受け皿としての NPO への期待は、昨今の部活動の地域移行などの動向を受けて、今後ますます高まっていくだろう。

　他方、社会教育の領域では、一層高い期待が NPO に向けられている感がある。特定非営利活動促進法が成立したのと同じ 1998 年に、生涯学習審議会が出した答申「社会の変化に対応した今後の社会教育行政の在り方について」では、「民間の諸活動の活発化への対応」として「ボランティア団体をはじめとする NPO を含め、民間団体との連携協力を進めること」の必要がはやくも指摘されている。

　こうした指摘の前提として、同答申では生涯学習社会における目指すべき行政像として「ネットワーク型行政」が示された。これは、「人々の学習活動・社会教育活動を、社会教育行政のみならず、様々な立場から総合的に支援していく仕組み」と説明され、行政内の各部局そして民間の営利・非営利の諸活動との積極的な連携を推し進める考え方として、その後も、社会教育行政の基本的な指針として各種の答申で指摘され続けている。

　2018 年の中央教育審議会答申「人口減少時代の新しい地域づくりに向けた社会教育の振興方策について」では、ネットワーク型行政の実質化という観点から、多様な主体との連携・協働の推進が求められており、「多様かつ特色のある教育資源を有する NPO との連携」の必要を指摘するとともに「社会教育以外の分野において、地域づくりに専門的なノウハウを有する NPO 等が、いわゆる中間支援組織として地域課題解決のための体制づくりの支援等を行っている事例」にも注目を促している。

　NPO という言葉が定着するはるか以前から、社会教育の領域で民間の団体がはたしてきた役割の大きさからすれば、こうした考え方は何も不自然なものではないが、連携・協働論の強調が行政の役割をあやふやにしたり、その責任を後退させたりすることになっていないのかについては注視が必要である。「新しい公共」という政策的発想が、公共サービスの提供における「民間活力の活用」を目的とした取組みと表裏一体で展開されることによって、公共サービスの維持・向上と同時に行政のスリム化・財政の効率化も目指されてきた経緯にも目を向ける必要があろう。

　現在は、行政側からの NPO への大きな期待を背景にして、あたかも行政によって NPO の活躍の場が用意されているかのような印象さえ受ける状況がある。そうした状況が、ともすれば NPO が行政の下請け化しているという批判を招く事態も生じさせている。NPO にとって、行政あるいは学校を含めた教育機関と連携・協働をするのは、その使命を達成するための手段であって連携・協働自体が目的ではないはずである。連携・協働のために NPO の自発性や自律性が損なわれるようなことがあれば、それは本末転倒以外の何物でもないだろう。

## 4.「地域の教育力」と集団・団体

　高度経済成長期を経た都市化の進行を背景に、1970年代頃から「地域
の教育力」（あるいは「地域社会の教育力」）の低下が指摘され始める。
この地域の教育力の低下については、いまでも日本の教育状況を語るう
えでの定型句として頻繁に用いられている感がある。一方、それが何を
指すかについては明確な定義がなされないままに使用されている印象も
強い。とはいえ地域の教育力という場合、その多くでは、第1に地域社
会に存在する家族・近隣・仲間といった対面的な人間関係、第2に地域
社会のなかでの様々な体験、この両者が持つ人格形成や社会化の機能が
注目されているといってよい[3]。

　実際、地域の教育力の低下が指摘されるとき、具体的には伝統的な地
縁集団の機能低下や、地域での団体活動を通した生活体験・自然体験の
機会の減少が語られることが多い。地域の教育力という発想は、地域社
会における集団・団体の持つ教育的機能を前提としたものといってよい
だろう。それゆえ、地域の教育力の回復・向上をめぐっては、主に学
校・家庭との連携促進という形を取りながら、NPOを含めた地域で活動
する民間団体への期待が示され、その支援が展開されてきたのである。

　地域の教育力をめぐる議論に見るように、地域社会における教育の在
り様を基礎づける、あるいは、条件づけるもののひとつが、そこで活動
する様々な団体である。時代を問わず、地域社会における教育を考える
とき、そこでの団体の役割が一貫して検討の対象となってきた。ただし、
団体は時代時代の社会状況を反映しつつ、その性格や役割が変遷してい
くことには注意が必要である。

　これまでに確認したように、第二次大戦敗戦前は青年団を始めとする
地縁団体の活動が、いま以上に地域において重要な教育機会となってい

---

3　たとえば松原（1981：52-54）。

た。その一方で、地域住民を網羅的に構成員とするそうした地縁団体が、国民統合や思想統制のための効率的な手段として利用された側面があったこともすでに指摘した通りである。団体が人々を束縛・抑圧するものとして機能することもあるのである。

　対照的に、戦後には、団体が人々の自主性・主体性あるいは個性を伸長するものとして機能することが前提として捉えられてきたといえる。その一方で、都市化による人間関係の希薄化や地方の過疎化、少子高齢化などの進展を背景に、現在では、地縁団体のかつての網羅的性格は維持が困難となり、その役割や機能の低下をもたらしている。そして、それと代わるようにNPOのような団体への期待が上昇している状況がある。

　さらに、いまでは団体の活動をめぐっても、その前提が大きく変わりつつある。従来、団体での活動は、人々の対面的な交流を前提としたものであった。団体活動の持つ教育的効果は、そうした直接的な人間関係のなかから得られるという理解であったといってもよい。しかしながら、ICTの発達などを受けて、人との交流が必ずしも時間や場所を共有せずとも十分に成立するようになったいまでは、その前提が崩れつつあるように見える。新型コロナウィルス感染症の発生・拡大以降は、様々な団体がいわゆるオンラインでの活動に精力的に取り組むようにもなっている。

　場所や時間の制約にとらわれないこうした活動は、対面を前提とする従来の団体活動に伴う煩わしさを解消するという点での利点は大きい。一方で、その煩わしさこそが、団体の持つ教育的機能の本質なのかもしれない。効率性や利便性という観点からでは測ることのできない団体活動の持つ意味を改めて考えてみる必要があるのだろう。

**研究課題**

1．地域社会での学習支援にかかわる集団・団体は具体的にはどのよう
　なものがあるだろうか。身近なところでその具体例を探して、その集
　団・団体がはたしている役割について考察しなさい。
2．教育領域における行政と NPO の連携・協働の取組みについて、そ
　の意義や課題について検討しなさい。

**参考・引用文献**

碓井正久（1961）「社会教育の概念」長田新監修『社会教育』御茶の水書房、pp.
3-53
大木真徳（2022）「生涯学習支援の施設と団体」小池茂子・本庄陽子・大木真徳編『生
涯学習支援の基礎』学文社、pp. 62-83
鈴木眞理（2004）『ボランティア活動と集団─生涯学習・社会教育論的探究』学文社
鈴木眞理（2015）『新時代の社会教育』放送大学教育振興会
住田正樹（2001）『地域社会と教育─子供の発達と地域社会』九州大学出版会
松原治郎（1981）「地域社会と学校教育」松原治郎・鐘ヶ江晴彦『地域と教育』第
一法規出版、pp. 35-104

# 10 | 地域社会の学習拠点としての施設

大木真徳

**《目標＆ポイント》** 地域社会には住民生活に欠かせない種々の施設が設置されている。この章では、住民の学習拠点として機能する主要な施設として社会教育施設に注目する。社会教育施設に関する基礎的な理解を深め、住民活動の拠点としてコミュニティ形成にはたしている役割について考える。
**《キーワード》** 社会教育施設、公民館、図書館、博物館、ボランティア活動、住民参加、指定管理者制度

## 1. 地域社会と施設

　施設とは、何らかの目的のために設けられる建物等の構造物や設備を指す言葉として一般的に理解される。地域社会では、公共サービスの提供を目的として行政により各種施設の整備が図られており、その分野は教育・福祉・環境・防災・レクリエーション等の多岐にわたる。そうした施設の存在は、住民生活を維持・充実させるうえでの前提となっているといってよい。

　また、行政が設置する施設だけでなく、民間の施設も住民生活にとって欠かせない存在である。民間施設の場合も、その目的は多種多様であるが、商業施設のような営利を目的とした施設であっても、経済や流通の面から住民生活を支える基盤としての役割を担っていることは自明であるし、そもそも私立の学校や病院・福祉施設のように地域の公共的利益を目的に設けられる民間施設もあることはいうまでもない。

　地域社会において施設の持つ意味は、そこで何らかのサービスが提供

されるというだけでなく、住民が集い活動をする場所として機能するという点にも見出だすことができる。とりわけ、コミュニティの形成という観点からすれば、住民同士の交流の場所が施設として恒常的に用意されていることの意義は大きい。たとえば、町会・自治会のための集会所のような存在は、地域住民あるいは地域団体の活動拠点として、住民同士による相互扶助を支える役割を伝統的にはたしてきた。

　この点は、教育施設にも当てはめることができる。たとえば、学校は地域の児童・生徒に教育の機会を提供するだけでなく、地域住民の活動・交流の場としても機能してきた。学校行事やPTA活動への参加、学校開放事業での施設利用などは、その具体的な場面として理解できる。また、昨今のコミュニティ・スクール施策は、学校運営への協力という形で、地域住民の交流の場面を新たに創出するものであるといってもよいだろう。

## 2.　地域社会と社会教育施設

### （1）社会教育施設とは

　学校と同様に、社会教育施設も地域社会の主要な教育施設である。むしろ、地域住民の活動・交流の場という観点からすれば、学校以上にその役割を期待されてきたのが社会教育施設だといえる。

　社会教育施設という言葉が法律で初めて登場するのは、2006年に全面改正された教育基本法であり、その第12条第2項において、国や地方公共団体が社会教育を振興する方法のひとつとして「図書館、博物館、公民館その他の社会教育施設の設置」が挙げられた。ただし、社会教育施設という言葉に関しては、それ以前から社会教育のための施設を指すものとして一般的に用いられており、少なくとも社会教育の領域では通常の用語として旧来から定着しているものである。

　前章で述べた通り、社会教育の具体的な場面は、通例として「団体」と「施設」という２つに大別して捉えられてきた。明治期以降の社会教育の伝統的な特徴として施設よりも団体が重視されてきたことも第９章で指摘した通りだが、第二次大戦敗戦後になると、両者をめぐる状況にも変化が生じ、社会教育の領域において施設のはたす役割の比重が高まっていくことになる。

　教育基本法（1947年）や社会教育法（1949年）の制定を経て、社会教育行政の任務が条件整備・環境醸成という性格を基本とすることが明確になるなかで（教育基本法制定時の第10条や社会教育法第３条）、社会教育施設の整備充実がその主要な施策として位置づけられることになる。社会教育法では公民館の規定が設けられるとともに、その第９条で「図書館及び博物館は、社会教育のための機関とする」とされ、1950年には図書館法、1951年には博物館法がそれぞれ制定を見ている。戦後初期にその法的・制度的な整備が進められた公民館・図書館・博物館は、社会教育施設を代表するものとして、行政を中心にその振興が図られてきた。

　社会教育施設には、公民館・図書館・博物館の他にも、青少年教育施設・女性教育施設・体育施設・劇場、音楽堂等・生涯学習センター等も含まれるとされ、その目的や活動内容はその種類ごとにかなり多様となっている。それゆえ、社会教育施設を一概に把握することは困難であるのだが、社会教育のために設置されるという前提から、その範疇を社会教育行政が所管する施設として狭く捉える場合も多い。一方で、福祉行政の所管である保健所や児童館のように、社会教育行政以外の所管であっても社会教育に関連する活動を行っている施設（そうした施設を社会教育関連施設と呼ぶことがある）は存在するし、博物館のように民間が設置運営するいわゆる私立館の存在が重要な意味を持っている施設もあ

る。民間という点で見れば、カルチャーセンターや習い事教室のように民間事業者が営利事業として学習機会を提供する場面も、社会教育に関連するものとして捉えることが可能であり、社会教育にかかわる施設は地域社会において多様な広がりを見せている。

### （2）公民館と地域社会

　社会教育の基幹施設であるとしばしば説明される公民館は、社会教育施設のなかでもその中心的なものとして理解されてきた。第二次世界大戦後に、戦争によって荒廃した地域の復興を目的として構想された公民館は、地域施設としての性格を根本に持つものとして当初からその役割が想定されてきた。

　公民館の設置奨励の嚆矢となった 1946 年 7 月 5 日付の各地方長官あての文部次官通牒「公民館の設置運営について」では、公民館を「常時に町村民が打ち集って談論し読書し、生活上産業上の指導を受けお互いの交友を深める場所」、「郷土に於ける公民学校、図書館、博物館、公会堂、町村集会所、産業指導所などの機能を兼ねた文化教養の機関」、そして「青年団婦人会などの町村に於ける文化団体の本部ともなり、各団体が相提携して町村振興の底力を生み出す場所」としており、まさに地域社会のための総合的な施設であることが強調されている[1]。

　その後、1949 年の社会教育法の制定などにより、公民館の社会教育の機関としての位置づけが明確になっていくことになるが、地域社会のための総合的な役割という点は、当初から変わらず公民館の基本的性格として維持されたといってよいだろう。実際、現在でも、公民館の活動は、福祉・防災・環境・産業など地域の様々な分野に対応する形で展開されている。

---

1　なお、公民館の構想は当時の文部省公民教育課長寺中作雄による発案であるとされる。寺中の公民館構想については寺中（1946）を参照のこと。

158

## （3）図書館・博物館と地域社会

　図書館・博物館も公民館と並んで社会教育施設の代表的なものであるが、その施設としての特徴に関しては、公民館ほど地域社会との関係は意識されずに、それぞれが持つ資料が注目されることが多いかもしれない。たしかに、図書を始めとする図書館資料や歴史・美術・産業・科学等のそれぞれの専門分野に応じて形成されるコレクションである博物館資料は、図書館・博物館の活動の基盤をなすものであり、その内容によってそれぞれの施設が特徴づけられることになる。

　ただし、図書館・博物館が収集する資料のなかには、郷土資料や地域資料と呼ばれるような、その施設が立地する地域に関する資料が含まれ、その収集方針に関しては施設の規模や性格によって違いはあるものの、とりわけ地方自治体が設置する公立施設の場合は、郷土資料・地域資料の収集・保存が重要な活動として位置づけられているのが通常である。地域社会の情報や記録が資料という形で集積されているという点に、図書館・博物館と地域社会との関係を見出だすことができる。

　博物館の領域では、地域社会との関係を重視する博物館のことを「地域博物館」と称することがある。地域博物館をめぐる議論においては、地域にかかわる資料を中心に収集・保管・展示するということに加え、利用者についても地域住民が主体となる、さらには、地域住民がボランティア活動やサークル活動を通して、博物館の活動に積極的に参加するという点が注目されることが多い[2]。博物館の地域性は、資料だけでなく、そこでの人々の活動内容からも捉えることが可能であるということであり、同様のことは図書館についてもいえるだろう。

## （4）社会教育施設における住民活動

　すでに確認した通り、公民館は当初の構想から地域社会のための総合

---

2　地域博物館を代表する存在として平塚市博物館がある。その概要については浜口（2000）を参照のこと。

的な施設として、住民たちが生活課題を持ち寄り、その解決に向けて集団で活動する場所となることが想定されてきた。いわば住民活動の拠点としての性格を持つ施設である。実際、学級・講座や団体・サークル活動のような形を取りながら、公民館では地域住民による活動が展開されている。

　一方、図書館・博物館は、読書や展示見学のように個人での利用が想定されがちな施設だが、公民館と同様に学級・講座のような集団での学習機会を提供していることが一般的であるし、地域博物館に見るように住民のボランティア活動やサークル活動の拠点となっている施設も多い。

　図書館については、近年、従来の図書館機能に加えて、各種の住民活動を支援する機能を併せ持つように、複合施設として整備が進められる事例が注目されている。たとえば、青少年のための居場所づくりやボランティア・NPO による市民活動の支援機能を兼ね備える図書館や、イベントスペースや多目的ホールを併設することによって利用者の交流促進が意図された図書館などが登場している。こうした動向を受けて、「つながる図書館」や「ささえあう図書館」といった新しい図書館像の提示も続いている（猪谷，2014、青柳編，2016）。そこでは本を借りるところという従来の図書館のイメージから脱却し、人々が集い交流する場所として機能することへの期待が示されているといってよい。

　ただし、地域住民の活動拠点としての性格は、社会教育施設全般に共通して求められるものであって、公民館に限らず、図書館や博物館にもその役割が期待されることは当然であると理解すべきなのだろう。

## （5）社会教育施設におけるボランティア活動

　社会教育施設での地域住民によるボランティア活動は、施設の種類を

問わずかなりの普及を見せている。社会教育施設におけるボランティア活動については、行政によりその受け入れが奨励されてきた経緯がある。

　1986年の社会教育審議会社会教育施設分科会報告「社会教育施設におけるボランティア活動の促進について」では、「ボランティア活動を通して自己の成長を図るという考え方」や「生涯学習活動のひとつとしてボランティア活動をとらえ、これを促進しようとする傾向」が強くなってきているという認識の下、「ボランティア活動は社会教育施設と地域の人々の結びつきを一層強めること」になり、それが「施設の活性化を促す」としている。生涯学習との関連でボランティア活動の意義を強調しつつ、ボランティア活動が社会教育施設で行われることが施設の活性化にもつながるとするこうした見解は、社会教育施設でのボランティアの受け入れを奨励するにあたっての前提となる考え方として理解されてきた。

　社会教育施設でのボランティア活動の場面や内容は、社会教育施設自体の活動内容の多様性もあって、実に多岐にわたっている。たとえば、図書館の朗読・読み聞かせや博物館の展示解説のように、それぞれの施設ならではのボランティア活動がその施設を特徴づける要素にもなっている。また、社会教育施設で活動するボランティアが組織を作り、教育プログラムの企画・運営などを自主的に行っていることも少なくなく、なかにはNPO法人格を取得することにより、施設との連携を基礎としつつも、ボランティア自身による一層自律的な活動の展開を目指している例もある[3]。

　地域住民によるボランティア活動は、社会教育施設に限らず、病院や福祉施設等でも幅広く展開されている。ボランティア活動を社会参加の形態と見るならば、どのような施設であっても住民の自発的な活動としてボランティア活動が行われていることは望ましいことである。一方で、

---

3　たとえば、兵庫県立人と自然の博物館では、ボランティア組織の「人と自然の会」が1999年にNPO法人を取得し、博物館と協力協定を締結したうえで、体験学習プログラムの実施等の事業を展開している。

社会教育施設がボランティアを受け入れるにあたっては、他の施設の場合よりも、ボランティアとして活動する人々の自己実現や成長により関心が向けられてしかるべきだろう。この点はボランティア活動と生涯学習との関連にもかかわってくるところであるが、ボランティア活動を通した学習を支援する環境が社会教育施設には用意されていることが期待されるのである。そこにおいて、それぞれの社会教育施設における専門的職員の存在が重要な意味を持ってくることになるが、社会教育施設の専門的職員については次章で詳しく取り上げる。

## 3. 社会教育施設の運営と住民参加

### （1）住民参加の仕組み

　社会教育施設と地域住民の関係は運営への参加という観点からも確認できる。社会教育の領域では、住民あるいは学習者の参加が様々な次元で重視されてきた。参加は社会教育の基礎をなす概念といってよいものであり、社会教育施設の運営においても、住民の参加が重要な要素として位置づけられてきた。

　社会教育施設の運営における住民参加のための具体的な制度としては、公民館では公民館運営審議会が、公立図書館では図書館協議会が、公立博物館では博物館協議会が、それぞれ社会教育法・図書館法・博物館法によって規定されている。いずれも館長の諮問機関として位置づけられるものであり、公民館における事業の企画実施について調査審議をしたり、図書館・博物館の運営について意見を述べたりすることがその役割となっている。

　図書館協議会および博物館協議会は、図書館法・博物館法の制定時から任意設置とされていたが、公民館運営審議会については、社会教育法の制定時には必置のものとされていた。これは、公民館の性格からして

運営への住民参加がより重視されていたことの表れと理解すればよいだろう。ところが、地方分権・規制緩和を推進する行政改革の流れのなかで、1999年の社会教育法の改正では、公民館運営審議会も任意設置に改められた。この改正では、それまでに定められていた委員の構成や委嘱の手続きについても弾力化・簡素化が行われ、また、館長の任命に関してはあらかじめ公民館運営審議会の意見を聞かなければならないという規定も合わせて削除されている。

　公民館運営審議会の委員委嘱については2011年の改正おいて、さらに規定の簡素化が行われており、その際には、図書館法・博物館法も同時に改正され、それぞれの協議会についても同様に規定が簡素化されている。具体的な内容については、ここでは詳しく触れないが、規制緩和を目的とした行政改革の流れを受けて、社会教育施設における住民参加の仕組みにも変更が迫られてきた経緯があることには注意が必要だろう。地域社会の状況に即した柔軟な施設運営の実現という点でいえば規制緩和が望ましい側面を持つことは否定できないが、そのために社会教育施設の運営原理を体現するともいえる参加の仕組みが後退したとも捉えられるのである。

　社会教育施設の運営への住民参加をめぐっては、制度化された参加の仕組みだけでなく、ボランティアの存在も注目される。社会教育施設で活動するボランティアについては、施設の活性化という観点からその受け入れが奨励されてきたことはすでに確認した。そこでは、施設職員とは異なる自由な視点や発想をボランティアが発揮することへの期待が示されるとともに、地域住民をボランティアとして受け入れることが、その考えや意見を施設運営へ反映させることになり、地域社会とのつながりを強化するという指摘がなされてきたのである。

### （2）社会教育施設の運営手法

　さて、この間、国や地方自治体が設置するいわゆる公共施設等の整備・運営に関して、民間活力の導入を目的とした手法が制度として導入されてきており、社会教育施設をめぐっても大きな論点となっている。その手法の代表的なものが、1999 年の「民間資金等の活用による公共施設等の整備等の促進に関する法律」によって整備された PFI（Private Financial Initiative）であり、また、2003 年の地方自治法改正によって導入された指定管理者制度である。

　指定管理者制度とは、従来、地方自治体の設置する「公の施設」の管理については委託先が公共団体や公共的団体、自治体の出資法人等に限定されていたものを、その限定を取り払い、株式会社等の民間営利事業者や NPO のような団体にも指定管理者として管理を行わせることができるようにした制度である。こうした制度では、民間の経営ノウハウを公共施設等の運営に応用することによりその改善・向上が目指されているとともに、その背景には当然ながら財政健全化の要請が強まるなかでの行政の効率化・スリム化という意図があることはいうまでもない。

　指定管理者制度では通常 3 年から 5 年程度の契約期間が設けられ、期間が終了する都度、指定管理者の継続・変更が判断されることから、公立社会教育施設への導入をめぐっては運営の継続性・安定性および職員の育成を含めた専門性の確保といった観点からの批判が根強い。そうした批判は、教育のための施設であるという前提からすればもっとものことであるし、そもそも指定管理者制度や PFI のような施設運営の効率化を主眼とするような制度は教育を目的とする施設に原理的になじむものではないと考えるべきなのかもしれない。

　他方、指定管理者制度がもたらす利点として、社会教育施設の運営への住民参加の新たな形態となりうることがたびたび指摘される。指定管

理者制度では地域住民から構成される NPO 法人や任意団体も管理者に
指定することが可能であり、その場合まさに地域住民自らが施設の運営
を請け負うという形になるわけである。実際にこうしたケースがどの程
度あるのかについては、社会教育施設の種類によってかなり状況が異な
るが、特徴的な傾向として、公民館では他の施設に比べ自治会・町内会
等の地縁による団体が指定管理者となる例が多くなっていることが指摘
できる[4]。地域施設としての公民館の性格を考えれば、このような例に
社会教育領域での指定管理者制度が持つ意義を見出だすことが可能かも
しれない。

　ただし、公民館は社会教育施設施設のなかでも指定管理者制度の導入
率が低い施設であるという実態は前提として理解しておかなければなら
ない[5]。その背景には、他の社会教育施設と異なり、公民館については
その運営に求められる専門的能力が明確でないことなどから、そもそも
指定管理者の受け皿となるような民間事業者が想定しづらいといった事
情が推測される。公民館の地域社会のための総合施設という性格からく
る指定管理者制度導入の限界とも理解できる点である。

## 4. 施設概念の揺らぎと場所としての施設が持つ意味

　これまで施設という言葉を、特に断りなく建物や設備を伴う物理的な
空間を意味するものとして用いてきたが、現在ではそうした理解の前提
が大きく変わりつつある。インターネットの普及や ICT の発展により、
人々の行動範囲が情報空間にも広く展開されるようになったいま、社会
教育施設での活動も物理的条件にとらわれずに多様に行われるようにな
っている。ウェブサイトや SNS の広報での活用はもはや一般的なもの

---

4　令和 3 年度の文部科学省「社会教育調査」によれば、指定管理者制度を導入し
ている 1,477 の公民館のうち、「地縁による団体」が指定管理者となっている施設が
495 館と 3 割強を占めている。
5　令和 3 年度の文部科学省「社会教育調査」によれば、公立社会教育施設全体の
導入率が 31.8% であるのに対し、公民館での導入率は 10.7% にとどまっている。

であるし、それにとどまらずさらに積極的に講座などの教育プログラム
を映像等で発信する取組みも広まってきている。また、図書館・博物館
が提供するデジタル・アーカイブの充実は、各施設が収蔵する資料に関
してオンラインで入手できる情報量を飛躍的に増大させている。

　もともと社会教育施設の分野では、職員や資料の派遣・貸出による教
育事業（いわゆる出前事業や出張事業といわれるもの）に代表されるア
ウトリーチ活動の実践のように施設外での活動についても蓄積がなされ
てきたが、現在では施設外活動の内容の多様化と充実が一段と進んでい
るといってよい。特に、2020 年以降の新型コロナウイルス感染症の拡
大に伴い、人々の行動に制限が課せられた状況がその傾向に拍車をかけ
たことは明らかである。

　2018 年の中央教育審議会答申「人口減少時代の新しい地域づくりに
向けた社会教育の振興方策について」では、「サイバー空間と呼ばれる
インターネット上の仮想的な空間が、情報通信技術の発達等を背景に飛
躍的に発展している昨今において、人と人との交流や、書物や作品、資
料などを通して実際に五感を使ってリアリティを体験することができる
場としても、社会教育施設の重要性は高まっている」という指摘が見ら
れた。これに対し、2020 年 9 月の「第 10 期中央教育審議会生涯学習分
科会における議論の整理」では、デジタル・ディバイドの課題やオンラ
インの活動では代替できない対面での活動の利点に注意を促しながら
も、「社会教育施設等において、従来のような対面での学びの機会を作
りにくい状況のなかで、学びを止めず、人と人とがつながり続けられる
ようにするためには、ICT 等の技術を活用した新たな形での取組みを
積極的に推進していくことが有効であろう」としている。わずか数年で
社会教育施設に対する認識が大きく変更している、あるいは、変更せざ
るをえなかったことがよく分かる。

　今後ますます社会教育施設によるオンラインでの取組みは広がっていくだろう。こうした状況は「施設」とは何を意味するのかという概念に揺らぎをもたらしているようにも見える。オンラインでの活動の展開は、学習活動の利便性や効率性という観点からすれば、きわめて大きな利点を持っている。一方で、社会教育施設にはそこに人々が集うという点に意義が見出だされてきたことはこの章で確認してきたところである。

　対面での人との交流には、人付き合いの煩わしさを含め、非効率な側面が様々にあることは否定できないが、一見時間や労力の無駄に見えるような経験にこそ意義があると捉えることが社会教育的な発想ともいえるし、地域社会でのコミュニティ形成に対する社会教育施設の役割を住民にとっての利便性という観点からだけで捉えないことが大切であるともいえる。施設という概念が曖昧になるなかで、改めて人が集い交流する場所としての社会教育施設の持つ意味を検討することが求められている[6]。

## 研究課題

1．身近にある社会教育施設を取り上げ、その施設による具体的な活動を手掛かりにして、地域社会あるいはコミュニティとの関連から社会教育施設の役割を検討しなさい。
2．たとえば、社会教育施設によるオンラインでの活動等に注目して、今後の高度情報化社会における施設の持つ意味について展望しなさい。

6　このあたりについては，大木（2015）を参照のこと。

## 参考・引用文献

青柳英治編（2016）『ささえあう図書館：「社会装置」としての新たなモデルと役割』（岡本真監修）勉誠出版

猪谷千香（2014）『つながる図書館：コミュニティの核をめざす試み』筑摩書房

大木真徳（2015）「社会教育の空間的展開」鈴木眞理・井上伸良・大木真徳編『社会教育の施設論』（講座転形期の社会教育Ⅲ）学文社、pp. 7-41

大木真徳（2022）「生涯学習支援の施設と団体」小池茂子・本庄陽子・大木真徳編『生涯学習支援の基礎』学文社、pp. 62-83

鈴木眞理・井上伸良・大木真徳編（2015）『社会教育の施設論』（講座転形期の社会教育Ⅲ）、学文社

鈴木眞理（2015）『新時代の社会教育』放送大学教育振興会

寺中作雄（1946）『公民館の建設：新しい町村の文化施設』公民館協会

浜口哲一（2000）『放課後博物館へようこそ』地人書館

# 11 | 地域社会における学習の支援者

大木真徳

《目標＆ポイント》　ここでは地域社会において学習を支援する人々に注目する。学習支援には様々なかかわり方があることを理解したうえで、主に社会教育領域での制度や取組みに即して具体的な支援者の役割を検討し、そこで求められる専門性等の論点について考える。
《キーワード》　学習支援者、専門的職員、公民館主事、司書、学芸員、ボランティア、行政委嘱委員、社会教育委員

## 1. 様々な学習支援へのかかわり方

　地域社会での学習支援者の存在を考える際、その前提として学習支援には多様なかかわり方があることにまず目を向けることが必要であろう。学習の支援というと、何かを教えるという形での学習者との直接的なかかわり方がまず思いつくであろうが、それ以外にも学習を支援することは可能であるし、実際、地域社会では間接的な働きかけによる学習支援が様々に行われている。

　間接的な学習支援とは、たとえば、学習プログラムの企画・立案を考えればよいだろう。社会教育施設等での学級・講座事業の実施においては、職員がそこでの学習のテーマや方法等を設定したうえで、設定したテーマについての専門の講師を外部から招くといったことがよく行われる。この場合、その職員は直接何かを教えているわけではないが、学習機会を設定するという形で学習の支援を行っていると理解できる。

　さらに俯瞰的に見れば、個々の学習機会という次元ではなく、地域全

体の学習環境を向上させるというかかわり方もある。学校や社会教育施
設の整備や教育政策・施策の立案・実施は、まさにそうしたかかわり方
での学習支援となろう。地方自治体の行政職員や首長・議員は、直接学
習者に関与することがなくても、教育政策・施策にかかわる立場から地
域社会の学習環境の整備に貢献することが期待されているのである[1]。

　このように支援者の立場によって学習支援へのかかわり方は一様では
ないし、また、実際の学習場面では支援者の役割がそのかかわり方によ
って明確に分担されているわけでもない。ひとりの支援者が直接何かを
教えるという形に加えて、間接的な学習支援を行っていることも通常で
ある。この点については、学校の教員が、児童・生徒への直接的な学習
指導に加え、教育課程・指導計画などの教育計画の作成、さらには、施
設の環境整備等の学校運営にかかわる業務も担当し、学校での学習支援
の向上に努めていることを考えればよく分かるだろう。

　学校教員についてさらに補足すれば、その学習支援の対象には、それ
ぞれの学校に通う児童・生徒だけでなく地域住民も含まれてくる。その
場合も、支援のかかわり方が多様であり、学校開放事業等により住民に
直接学習機会を提供するといったことに加え、PTA活動へのかかわり
や近年では学校運営協議会や学校支援ボランティアの受け入れに関する
業務を通して、間接的に住民の学習を支援していると捉えられる場面も
多くある。学校教員を例にしても、地域社会における学習支援の様相は
多様かつ多面的なものであることがよく理解できる。

　地域社会において人々の学習支援にかかわるのはもちろん学校教員だ
けではない。学校教員でなくても、家庭や職場等における日常生活の場
面で、家族や仲間・同僚の学習を手助けするという経験は誰しもがある
はずである。そうした場合は、自らが学習の支援にかかわっているとい
うことすらさほど意識されていないことも多いだろう。それに対して、

---

1　社会教育計画の観点から、首長や議員の役割を検討したものに井上（2012）が
ある。

学校教員による学習支援は、教育の専門職としての専門的な知識・技術に基づいて、人々の学習が効率的・効果的になることを目指して行われるものであるという点が大きく異なる。地域社会における学習支援の中核を担うのは、そうした教育の専門職であることは間違いない。そして、学校教員と並んで、その役割を担うのが社会教育の専門的職員である。

## 2. 社会教育の専門的職員

### （1）社会教育施設の専門的職員

　具体的な社会教育の専門的職員には、まず社会教育施設の専門的職員が挙げられる。地域社会における社会教育施設の役割については前章で確認したところであるが、その役割を支えるのが各施設の専門的職員である。公民館の主事・図書館の司書・博物館の学芸員がその代表的なものだと一般的に理解される。

　社会教育施設については活動内容が種類ごとにかなり異なることから、その専門的職員についても職務や求められる能力等に大きな相違が見られる。公民館の主事は、社会教育法第 27 条で「公民館に館長を置き、主事その他必要な職員を置くことができる」とされており、その職務については同条第 3 項で「主事は、館長の命を受け、公民館の事業の実施にあたる」とのみされている。「公民館の設置及び運営に関する基準」（2003 年 6 月 6 日文部科学省告示）では「公民館の館長及び主事には、社会教育に関する識見と経験を有し、かつ公民館の事業に関する専門的な知識及び技術を有する者をもって充てるよう努めるものとする」（第 8 条第 2 項）とされてはいるものの、具体的な専門性への言及に乏しい規定となっており、資格制度も設けられていないことから、公民館の主事を専門職として確立したものと見なしてよいのかについては見解がわかれるところである。ただ、公民館の地域施設としての総合的な役割か

らすれば、そこで求められる知識や技術を一様に捉えることは困難なのであり、そもそも専門職として知識や技術を形式化することに限界があると考えるのが自然なのであろう。

　図書館の司書および博物館の学芸員については、それぞれ図書館法・博物館法で規定が設けられている。いずれにも資格制度があり、公民館の主事と比べると、その職務で求められる知識や技術がより具体的に想定可能な職として捉えられているといえる。この点は、図書館・博物館は、資料を基盤とする施設であるため、その取扱いに関する専門的能力がまずは求められるということによるところが大きい。それゆえ、司書や学芸員の専門性をめぐっては教育や学習支援にかかわる専門職としての側面が軽視されるきらいもあるが、近年、博物館の領域では、エデュケーターと呼ばれるような施設での教育活動に焦点を絞った職員の養成なども展開されている。

　この他にも青少年教育施設や女性教育施設、生涯学習センターなどの施設には、一般的に指導系職員と呼ばれるような人々が配置され、教育プログラムの企画・立案や運営を専門的に担っていることが通常である。これらの施設の指導系職員については、法的規定は特になく資格制度等も設けられていないが、たとえば公立の青少年教育施設ではもともとは学校教員であるいわゆる教員籍の職員を配置するなどの配慮がなされている。

　以上のように、社会教育施設の専門的職員は教育や学習支援にかかわる立場にあるという前提を共通としつつも、実際の状況については施設の種類ごとにかなり様相が異なっている。施設の機能や想定される利用者の対象に相違があるため、それぞれの施設での教育・学習支援に求められる専門性も一概に論じることは難しいが、むしろ一般化できないというところに地域社会に応じた教育・学習支援を展開する社会教育施設

の専門的職員としての特徴を見出だしていくことに意義があるのだろう。

## （2）社会教育主事の役割

　社会教育の専門的職員に社会教育主事という職もある。ただ、図書館の司書や博物館の学芸員などに比べると、一般的には耳になじみのないものかもしれない。社会教育主事の制度については、社会教育法で規定されており、その第9条の2で「都道府県及び市町村の教育委員会の事務局に、社会教育主事を置く」とされている。そのうえで、同法第9条の3では、その職務について「社会教育を行う者に専門的技術的な助言と指導を与える。ただし、命令及び監督をしてはならない」と述べられており、いわゆる社会教育行政の専門的職員として人々の自発的な学習活動を援助することが社会教育主事の役割となっている。地方自治体の社会教育行政における企画・実施を職務とすることから、個別の学習機会における直接的な支援よりも、地域社会の学習環境の整備・充実という形での学習支援を主に担うものとして理解されるのが社会教育主事なのである。

　なお、社会教育主事には資格制度が設けられており、社会教育法や社会教育主事講習等規程（1951年文部省令第12号）によって具体的な内容が定められている。本来、地方自治体の教育委員会事務局に置かれる社会教育主事であるが、自治体によっては公民館の主事や青少年教育施設の指導系職員などに、社会教育主事の有資格者を充てることが行われており、その資格が社会教育の現場で必要とされる専門性も担保するものとして理解され運用されてきた例といえる。

　社会教育主事の資格に関連して、2018年の社会教育主事講習等規定（1951年文部省令第12号）の改正により、2020年度以降、社会教育主事の資格取得のための講習を修了した者、および、大学で社会教育主

の養成にかかわる社会教育に関する科目の単位を修得した者が「社会教育士」の称号を名乗ることができるようになった。あくまで称号としての意味しか持たないものであるが、首長部局にある社会教育の関連行政部門での活用や NPO・企業などの民間組織・団体において地域課題に取り組む人々による取得等を想定して導入された制度であり、「地域づくり」という観点からも社会教育士が活躍することが期待されている[2]。

## 3. 住民相互による学習支援

### （1）社会教育と住民相互の学習支援

　地域社会における学習支援者の在り様を考えるにあたっては、学校教員や社会教育の専門的職員によるいわば専門的な学習支援に加え、住民相互による学習支援にも注目することができる。

　社会教育の領域での古典ともいえる議論に「国民の自己教育・相互教育」論と呼ばれるようなものがある。この議論の発端は、文部官僚として第二次大戦敗戦後の社会教育行政の基礎づくりに従事した寺中作雄が、社会教育の本質に関する認識を新たにするという文脈で、「社会教育は本来国民の自己教育であり、相互教育であって国家が指揮し統制して、国家の力で推進せらるべき性質のものではない」と指摘したことにある（寺中，1949：9-10）。ここに示されているように、人々の自発性に基づいた教育活動が、地域住民の相互支援によって展開されることが社会教育の本質的な在り方であるとする考え方は、社会教育に対する基礎的な理解のひとつとして定着しているといってよい。

　同じく寺中による構想が出発点となった公民館は、そうした地域住民による相互支援の場所として想定されてきた施設であるといえるし、1960 年代になって本格化する公害問題や環境問題に対応した住民運動のなかで展開された住民主体の学習活動を、地域住民による自己教育・

---

2　社会教育士の称号取得の奨励やその目的については、2018 年の中央教育審議会答申「人口減少時代の新しい地域づくりに向けた社会教育の振興方策について」で詳しく言及されている。

相互教育という観点から高く評価するといったことも社会教育の領域では行われてきた。

## （2）学習支援者としてのボランティア

　住民相互による学習支援に関しては、現在ではボランティアがはたす役割が大きくなっている。地域住民によるボランティア活動を通した学習支援は、様々な分野で広く取り組まれているといってよいだろう。

　ボランティアによる学習支援については生涯学習との関連でたびたび指摘されるところである。たとえば、1992年の生涯学習審議会答申「今後の社会の動向に対応した生涯学習の振興方策について」ではボランティア活動と生涯学習の関連を捉える視点が3つにまとめられており、そのひとつとして、「人々の生涯学習を支援するボランティア活動によって、生涯学習の振興が一層図られるという視点」が示されている。ちなみに、あとの2つの視点は、「ボランティア活動そのものが自己開発、自己実現につながる生涯学習となるという視点」および「ボランティア活動を行うために必要な知識・技術を習得するための学習として生涯学習があり、学習の成果を生かし、深める実践としてボランティア活動があるという視点」である。

　こうした視点は相互に関連するものとして理解すべきであり、ボランティアが学習支援を行っている場面においても、同時にその活動を通して学習をしている、あるいは、学習成果の活用をしていると見ることができるという点は、学習支援者としてのボランティアを捉える際に重要なことであろう。

　社会教育施設でのボランティア活動については前章で解説をしたが、その活動内容は施設の来館者の学習支援にかかわるものがほとんどといってよい。教育事業における指導者の役割を担うような直接的な支援の

仕方に加え、施設の環境整備のような活動も学習環境を向上させるという形での間接的な支援の仕方であると捉えれば、社会教育施設のボランティアによる学習支援も様々である。

　そのうえで、そこで活動するボランティア自身も学習者であると捉えるならば、その学習を支援するということを受け入れる側が意識する必要があるともいえる。それは、研修のようなボランティアのための学習機会の充実が求められるというだけでなく、ボランティア活動の場を提供すること自体がそこで活動するボランティアの学習を支援していることをも意味するということである。社会教育施設におけるボランティアの受け入れにあたって、職員の時間や労力の負担が大きくなることが課題として一般的に指摘されるが、そのような状況であってもあえてボランティアを受け入れることの意義を社会教育施設の職員、とりわけその専門的職員が学習支援の観点から考える必要があるのだろう。

### （3）行政委嘱委員の役割

　行政委嘱委員の存在も、地域社会における住民相互による学習支援という点から検討することが可能である。行政委嘱委員とは、国・都道府県・市町村から委嘱されて種々の公共的活動に従事する民間人を指す言葉として一般的に用いられる。代表的なものに、福祉分野の民生委員・児童委員などが挙げられる。身分は非常勤の特別職公務員とされ、報酬や交通費等の実費弁償等の配慮はそれぞれのケースで異なるが、基本的には地域住民の有志による活動であることから、そのボランティア的な性格が強調されることも多い。

　社会教育領域の行政委嘱委員としては、社会教育委員や公民館運営審議会・図書館協議会・博物館協議会の委員等が挙げられる（公民館運営審議会・図書館協議会・博物館協議会については第 10 章を参照のこと）。

なかでも、社会教育委員の制度は、地方自治体の社会教育行政に地域住民の意見を反映させる目的を持つものとして、社会教育行政の根幹をなす制度のひとつといえる。

　社会教育委員の制度は社会教育法により規定されており、都道府県・市町村に任意で置くことができるものである（第15条）。ただし、社会教育関係団体への補助金交付に際して、事前に社会教育委員の会議の意見を聴くこととされてきた経緯もあって（第13条）、ほとんどの自治体で設置されてきた。その職務は社会教育に関し教育委員会に助言するために、社会教育に関する諸計画の立案や教育委員会の諮問に応じて意見を述べること、そして、そのために必要な研究調査を行うこととされる。加えて、教育委員会の会議に出席して社会教育に関し意見を述べることや、市町村の社会教育委員については、教育委員会から委嘱を受けた青少年教育に関する特定の事項に関し、社会教育の関係者に指導・助言を与えることも可能とされている（第17条）。

　社会教育委員は、教育委員会が委嘱し、その基準・定数・任期などについては、地方自治体の条例で定めることになっている。ただし、委嘱の基準については、文部科学省令で定める基準を参酌するものとされ、学校教育・社会教育の関係者、家庭教育の向上に資する活動を行う者、そして、学識経験者のなかから委嘱することが示されている[3]。地域の教育について精通した人々が社会教育委員として活動することにより、その知識や意見を社会教育行政に反映させていくことが目指されている制度といえる。このような社会教育委員の存在は、住民を代表して社会教育行政へ参加することを通して、地域社会の学習環境の向上に貢献しているという点から、学習支援者の範疇で捉えることができるのである。

　一方で、社会教育委員の実態については、自治体によって様々であり、年に数回の形式的な会議に終始してしまっていることや教育委員会事務

[3]　社会教育委員の構成や委嘱の手続き等に関する規定について、現在に至るまでに法改正による簡素化・弾力化が行われてきた。この点については、第10章第3節で解説した公民館運営審議会と同様の経緯である。

局によるいわゆるお膳立てに頼ってしまい委員による自律的な活動であるかが疑われることなどから、そのマンネリ化・形骸化が指摘されることもある。しかしながら、制度の運用上の問題から生じる機能不全があったとしても、それを制度の根底にある理念の問題であるように混同することはあってはならない。社会教育における参加の理念を体現しているともいえる社会教育委員の制度を実質的なものとするための努力が、社会教育委員と社会教育行政の職員の双方に求められるのである。

## 4. 学習支援者の専門性を考える視座

この章では社会教育の領域に焦点を絞りながら地域社会の学習支援者の存在を検討してきたが、社会教育の領域だけを見てもきわめて多様な学習支援へのかかわり方があることが分かるだろう。その多様性ゆえに、それぞれの学習支援において求められる能力についても柔軟に捉えていくことが必要とされる。この点に関しては、社会教育施設の専門的職員の専門性をめぐってすでに指摘したところである。

社会教育主事の専門性に関しては、この間、コーディネート能力を強調する議論が展開されている。社会教育主事の職務については先に確認したように、いわゆる社会教育行政の専門的職員として個別の学習機会での指導者というよりも、関連機関・団体等の調整・連絡役を担う後方支援者としての役割がそもそも想定されているものであるが、その前提のうえで、教育政策・施策における連携・協働論の隆盛を受ける形で（この点は第2章第3節を参照のこと）、ますますそのコーディネート能力への注目が高まっているというのが現状であろう。

2006年の教育基本法の全面改正を踏まえた一連の関連法改正のなかで、2008年に社会教育法も改正され、社会教育主事の職務として「学校が社会教育関係団体、地域住民その他の関係者の協力を得て教育活動

を行う場合には、その求めに応じて、必要な助言を行うことができる」（第9条の3第2項）ことが加えられ、学校との連携という文脈における役割が改めて明記され強調されるに至っている。さらに近年では、2018年の中央教育審議会答申「人口減少時代の新しい地域づくりに向けた社会教育の振興方策について」において、社会教育主事の立場は「学びのオーガナイザー」と表現され、「社会教育行政のみならず、地域における多様な主体の地域課題解決の取組においても、コーディネート能力やファシリテート能力等を発揮し、取組全体をけん引する極めて重要な役割を担うこと」への期待が示されている。

学習支援にかかわるコーディネート能力に関しては、社会教育主事に限らず、学校と地域社会との連携・協働を推進する施策や事業において、その要として広く重視されてきた経緯がある。詳しくは第4章で解説されているようにコミュニティ・スクール（学校運営協議会制度）等の取組みでは、いわゆる地域コーディネーターの配置・活躍が具体的な事業運営の前提となるものとして位置づけられてきた。地域コーディネーターは、住民自身がその役割を担うことが想定されているものであり、地域住民を対象とした「コーディネーター養成講座」等が各地で盛んに開催されるようになっている。

このように地域社会における学習支援者をめぐっては、そのコーディネート能力が大きな論点となっているといってよい。一方で、そもそもコーディネート能力とは、いったいどのような知識や技術を指すのかについては明確ではない。実際、地域コーディネーターの養成講座といわれるものの多くは、ワークショップによる参加者の交流やこれまでの実践例の紹介といった内容にとどまっている感があり、そこで養成すべき知識や技術が明確に捉えられてはいない印象を受ける。ただし、それは当然のことであるともいえる。

　たとえば、円滑なコーディネートにはコミュニケーション能力が肝要であることは誰もが思いつくが、そうした能力はその人のそれまでの経験や人柄に依拠するところが大きい。つまりは、形式化や一般化に向かないということになろう。学習支援で求められる能力を考えてみると、学校教員の教授法等のように、ある程度の形式化が可能だと思われるものがあるのは確かだが、属人的に形成されるがために形式化に向かないものの方がむしろ多いのかもしれない。

　現在、学校教育や職業教育等の分野では、知識や技術だけでなく、物事に向き合う態度や姿勢をも重視する複合的な能力観が一般的に受容されているといえる。学習支援者に求められる能力という点からしても、そうした態度や姿勢というものが問われるのであろう。教育や学習支援においては、その過程での対人関係の構築が重要な意味を持つことは当然であり、この点からしても、支援者としての態度や姿勢がその力量にかかわってくる。また、そうした実践的な対人関係のなかで、態度や姿勢を含めた力量が形成されていくということにもなろう。

　たとえば、学習支援者は学習者の個人情報やプライバシーに接する場面を避けられない立場にあり、その扱いには倫理的な対応が必要となる。図書館では読書記録等の取り扱いをめぐって関係者の倫理規範についての意識が高く、その周知・習得のための取組みもはやくから行われてきた。公民館や博物館等の他の社会教育施設においても、利用者の個人情報保護の取り組みは進んできてはいるものの、学習の内容あるいは事実そのものが個人のプライバシーの特定につながるものであるという意識は図書館に比べて希薄なように思われる。この差はそれぞれの施設で想定されている学習の形態や目的の違いによるところが大きいのであろうが、どのような施設であったとしても、学習者のプライバシーが侵害されるようなことがあってはならないことはいうまでもない。そして、こ

うした倫理的配慮は、学習支援にかかわる専門的職員のみならず、学習
を支援する立場にあるボランティアや地域住民にも当然求められるので
ある。

　こうした倫理観のようなものは特定の知識や技術に集約されるもので
はなく、人の学習にかかわることに伴う責任への理解と自覚によってこ
そ基礎づけられるものであろう。学習支援者の専門性は、そうした態度
や姿勢の問題も含めて捉えていく必要があるのである。

### 研究課題

1．この章で登場した社会教育施設の専門的職員や社会教育主事のいず
　れかを例に取り、その養成制度や専門性をめぐるこれまでの議論を調
　べて整理しなさい。
2．社会教育委員の制度について、自身が居住している自治体での現状
　等も含めて調べなさい。
　　そのうえで、地域社会の学習環境の向上という観点からこの制度の
　持つ意味について考えなさい。

## 参考・引用文献

井上伸良（2012）「社会教育計画と首長・議員の役割」鈴木眞理・山本珠美・熊谷愼之輔編『社会教育計画の基礎［新版］』、学文社、pp. 211-220

小池茂子・本庄陽子・大木真徳編（2022）『生涯学習支援の基礎』学文社

鈴木眞理・津田英二（2003）『生涯学習の支援論』（シリーズ生涯学習社会における社会教育第 5 巻）学文社

鈴木眞理（2015）『新時代の社会教育』放送大学教育振興会

寺中作雄（1949）『社会教育法解説』社会教育図書

# 12 | コミュニティにおける教育と文化

大木真徳

《**目標&ポイント**》 コミュニティにおける教育と文化のかかわりについて、これまでの行政動向等に目を向けながら考察するとともに、文化の共有・継承という観点から教育の役割について理解する。そのうえで、コミュニティ内に用意されている文化の共有・継承のための教育的仕組みについて、特に博物館に注目しながら考える。
《**キーワード**》 文化、文化行政、文化芸術基本法、地域文化、文化資源、博物館、ボランティア

## 1. コミュニティと文化

　文化の定義については枚挙にいとまがないが、そのなかでもイギリスの人類学者タイラー（Tylor, E. B., 1832-1917）による定義は古典的なものとしてよく知られている。タイラーは、文化は「知識・信仰・芸術・法律・習俗・その他、社会の一員としての人の得る能力と習慣とを含む複雑な全体である」とする（タイラー, 1962 [1873]：1）。ここに見るように、文化を何らかの具体的な現象として捉えようとすると、あらゆるものがそこに含まれる可能性がある。実際、いわゆる文化論のなかで取り上げられる対象がきわめて幅広いことは、現在のポピュラーカルチャーやサブカルチャーといわれるような領域でどういったものが文化として扱われているかを見れば明解であろう。文化について考えるとき、そこで扱うべき現象の範疇にこだわることは不毛であるといってもよいかもしれない。

　むしろ、タイラーの定義で注目すべきは、文化とは人間が「社会の一員（a member of society）」として獲得するものであるという点だろう。文化は人間によって獲得されるものであり、その獲得が社会の一員となるうえでの条件として理解されるものなのである。あるいは、それぞれの社会で人々に共有されるものが文化であるという理解でもよいだろう。それゆえ、文化を考えるということは、すなわちその文化を共有する人々について考えるということでもあるといえる。

　この点において、文化とコミュニティは不可分な関係にある。第1章での解説の通り、コミュニティをめぐる定義も複雑かつ多様であるが、何らかの価値のあるものを共有することに基づく共同性や連帯性をその要件とするならば、まさにそこで共有されるものとして文化が位置づくのである。コミュニティの形成および維持・発展には、文化の共有や継承が不可欠であるといってもよいだろう。

## 2. 教育と文化

### （1）教育行政と文化行政

　人間による文化の共有や継承のための営みは、様々な形で展開されるが、誰かから教わる・誰かに教えるという行為、つまりは教育がそこに内在していることは自明であり、文化と教育については関連づけられて論じられることが多い。そこでは、両者の密接なかかわりを前提としつつも、あえて対比的に捉えることによりその違いを強調するような議論もある。

　たとえば、梅棹忠夫は教育をチャージ（充電）、文化をディスチャージ（放電）と表現し、その対照性を際立たせた議論を展開したことで有名である。梅棹は、文化は「あそびの世界」であるとまで言い切り、教育による文化振興に懐疑的な立場から両者を峻別した（梅棹，1978）。

　1970年代後半に提示されたこの議論の背景には、地方自治体を中心とした文化行政の在り方に対する社会的関心の高まりがあった。この頃には、いわゆる革新系首長の主導による、自治体行政を広く文化という視点から見直す「行政の文化化」という考え方に基づいた、行政の文化水準の向上を目指した取組みが注目されるようになる。そのなかで、行政内での文化行政の所管についても議論の的となったのである[1]。

　第二次世界大戦後に、地方教育行政制度の基本的な枠組みとして教育委員会制度が導入されて以降、文化に関する事務は教育委員会が所管することが基本とされてきた。これに対して、文化行政を首長部局が所管することが、柔軟かつ積極的な政策・施策の展開につながるという主張の下、梅棹のチャージ・ディスチャージ論では教育と文化の違いが強調されたのである。

　1970年代以降、自治体による博物館や文化ホール・文化会館等の整備が進むなかで、それらの施設の管理をめぐっても教育委員会か首長部局かという文化行政の所管が問われてきた。

　近年では、地方分権改革の進展を受けて、この点に関しては、文化行政の所管を自治体が柔軟に判断できるように制度が変更されてきている。2007年の「地方教育行政の組織及び運営に関する法律」の改正では、文化財保護以外の文化に関する事務を首長が担当することが可能となり、さらに2019年には同法が文化財保護法と同時に改正され、文化財保護の事務も首長による担当が可能となった。また、博物館を含めた公立社会教育施設をめぐっても、2019年のいわゆる第9次地方分権一括法によって関連法が改正され首長部局が所管できることになっている。こうした変更は、文化振興のための施策を首長部局によるまちづくりや観光振興の施策と一体的に推進することを主要な目的として進められてきた。

---

1　「行政の文化化」の具体的な展開や経緯については上田編（1983）に詳しい。

## （2）文化行政の総合行政的性格の強調

　以上のような法改正に先立って、2001 年には文化芸術振興基本法が成立している。同法は 2017 年に、文化芸術の振興にとどまらず、観光・まちづくり・国際交流・福祉・教育・産業等の関連分野における施策をその範囲に取り込み、文化芸術により生み出される価値を活用するための施策の総合的な展開を目指すことを趣旨に改正され、題名が文化芸術基本法に改められている。

　ここにも見るように、文化行政をめぐっては総合行政としての性格に重点が置かれる形で推進が図られてきており、その傾向は近年になって特に顕著となっている。そのなかで、教育行政について見れば文化行政との関連はむしろ希薄になっていると捉えることができる。この間の各種の法改正の動向からすれば、文化行政との連携の対象としては、教育行政よりも、むしろ観光行政やまちづくり行政への期待の方が大きいといってよいだろう。

　2020 年には「文化観光拠点施設を中核とした地域における文化観光の推進に関する法律」（いわゆる文化観光推進法）が制定され、「文化及び観光の振興並びに個性豊かで活力に満ちた地域社会の実現」（第 1 条）を目指した「文化観光」を推進する施策の枠組みが示された。同法では、文化観光を「有形又は無形の文化的所産その他の文化に関する資源（以下「文化資源」という）の観覧、文化資源に関する体験活動その他の活動を通じて文化についての理解を深めることを目的とする観光」（第 2 条）と定義し、文化資源の活用による観光客誘致を地域経済の活性化につなげるという意図の下、その振興が図られてきている。

　文化観光については、2023 年の博物館法改正においても、博物館の行う事業として関連する事項が新たに盛り込まれ、文化観光等の推進により地域の活力の向上に寄与するという努力規定が設けられた（博物館

法第3条第3項)。

　また、この博物館法の改正では、従来からの社会教育法と並んで文化芸術基本法も同法の上位法として位置づくことが追記された。文化芸術基本法には、2001年の制定時から「美術館、博物館、図書館等の充実」を図るために国が必要な措置を講ずるものとする条文(第26条)が設けられており、そうした規定との整合性をとるための変更と理解できるものであるが、第二次世界大戦後以降、博物館法は教育法体系のなかに位置づけられ、少なくともそこでは博物館が社会教育施設であることが前提と見なされてきたことからすれば、博物館をどのような施設として捉えるのか、その根本的な視座の変更を促すような改正であったといえるのかもしれない。

### (3) 文化の継承という地域課題と教育

　このように、行政領域では文化と教育の関連づけが希薄になっている側面があることは否めない。一方で、地域文化の継承という点から両者の関係が改めて問われている状況もある。人口減少社会の到来が指摘される昨今では、特に地方において過疎化・少子化の影響から地域文化、とりわけ郷土芸能といわれるような無形民俗文化財の後継者不足が深刻化している。加えて、大規模震災の頻発や新型コロナ感染症の拡大を背景にした地域行事の中断・廃止等もその流れに拍車をかける格好となっており、地域文化の継承は多くの地方で共通の地域課題となっている。

　文化芸術基本法に基づき2023年3月24日に閣議決定された文化芸術推進基本計画(第2期)では、同計画における重点取組のひとつとして「文化芸術を通じた地方創生の推進する人材の育成と体制の整備・構築」が掲げられている。そこでは、「過疎化や少子高齢化等の社会状況を背景として、地域の伝統行事や芸能の担い手が減少し、継承が困難となっ

ている状況に鑑み、これらを支える人材の育成等を推進する」ことが述べられている。地域文化の継承という課題の解決には、人材や後継者の育成という文脈での教育の役割が欠かせないのである。

## 3. コミュニティにおける文化の共有・継承の仕組み

### （1）様々な文化の共有・継承の仕組み

　さて、コミュニティの形成や維持・発展の要件として、そこでの文化の共有・継承があるとするならば、そのための仕組みがコミュニティ内に用意されていることは必然であるといえる。たとえば、地域社会を基盤とするコミュニティならば、学校や社会教育施設はその代表的なものとして理解できる。学校教育の「総合的な学習（探求）の時間」が、地域文化に関する教育を通じて、児童・生徒の地域における社会化の機会として機能していることは、第6章で具体的に論じられている通りである。また、図書館や博物館は、文化資源である資料を収集・保管し、その貸し出しや展示等により住民の利用に供することを通して、文化の共有・継承に寄与していることは自明である。公民館は、図書館・博物館とは異なり、有形の文化資源を取り扱うことを主たる目的とする施設ではないが、地域文化に関する各種事業の実施を通して、その共有・継承の場として機能していることが通常である。

　学校や社会教育施設は、文化の共有・継承のための教育領域での仕組みということになるが、他領域においてもその仕組みは存在する。たとえば、情報の発信・受容にかかわるメディアであったり、文化的なコンテンツを商品・サービスとして流通させる商業であったりにかかわる仕組みも文化の共有・継承に欠かせないものである。

　かなり古い例となるが、柳宗悦（1889-1961）による主導で大正末から開始された民藝運動は、そうした仕組みを強く意識したものであった

という点で注目される。民藝運動は、日常生活に用いられる手工品を「民衆的工藝」と名づけ、そこに新しい美術的価値を見出だし、その普及を目指したものであることはよく知られている。図12-1は民藝運動を支える3本の柱を表現している。その3本の柱とは、日本民藝館という「美術館」、日本民藝協会による「出版」、そして、たくみ工藝店という商店による「流通」であり、民藝の価値の発信・普及にこれらの仕組みを駆使した点が民藝運動の実践面での特徴であったことがしばしば指摘される[2]。文化の共有や継承に、教育のみならず、出版といったメディアや商業的な流通の仕組みも深くかかわっていることを確認できる事例であるといってよいだろう。

　民藝運動が開始された頃に比べ、現在では文化の共有・継承に用いられる、あるいは、用いることができる仕組みはきわめて多様になっている。メディアに関しては、出版のような旧来からあるものに加え、イン

**図12-1　民藝運動の3本柱を示した「民藝樹」**

（『月刊民藝』創刊号、1939年4月）

2　2021年10月26日から翌年2月13日まで東京国立近代美術館で開催された柳宗悦没後60年記念展「民藝の100年」では、この点を強調して「美術館」「出版」「流通」という「自前のメディアを持っていることが、民藝運動の強みであった」という観点から構成された展示が企画・公開された（東京国立近代美術館他編，2021：9）。

ターネット・メディアやデジタル・メディアの普及が著しい。流通という点で見ても、情報通信技術や輸送技術等の発展により、速度上昇や範囲拡大が飛躍的に進んでいる。こうした環境の変化は、地域的基盤を持たないテーマ・コミュニティにとっては、構成員間のつながりや交流を容易にするものであり、コミュニティ形成の在り方自体に大きな影響を及ぼしている。

### （2）文化資源の共有・継承と社会教育施設

　この章では、すでに文化資源という言葉がいく度か登場している。文化の共有・継承は、具体的な文化資源の発見や活用を通して行われると理解してよいだろう。文化資源について、吉見俊哉は“culture”の語源が「耕作」を意味するラテン語に由来するということを念頭に、以下のように説明している。

　　　文化の営みにとって決定的に重要なのは、耕作がなされる土壌自体を豊かにしていくことです。つまり、その土地の土壌のなかにある栄養素を見分け、それを生かしていくことが大切なのです。私たちはこの文化という土壌に含まれる栄養素を、「文化資源（culture resources）」と呼んでおきたいと思います。（吉見，2018：268）

　やや文学的にすぎる表現とも思えるが、「文化の営み」には、文化資源を「見分け」そして「生かしていくこと」が肝要であるという点は、コミュニティにおける文化の共有・継承という文脈でも同様である。

　そのうえで、文化資源を見分け・生かしていくこと、つまり、その文化的価値を評価し活用することには、ある程度の専門的な知識や技術が求められることにもなろう。その点について、地域社会を基盤とするコミュニティで考えるならば、公民館・図書館・博物館といった社会教育

施設の役割が重要になってくる。とりわけ、図書館や博物館については、文化資源である資料を取り扱ううえでの専門性を備えた職員が配置されているという点で、地域社会における文化資源の発見・評価・活用にかかわる主要な専門的機関として位置づけられる（社会教育施設の専門的職員については、第11章第2節を参照のこと）。

東日本大震災は文化資源にも大きな被害をもたらしたが、その救出や保全において博物館および学芸員がはたした役割は大きいものであった。震災発生を受けて、2011年4月1日には文化庁による東北地方太平洋沖地震被災文化財等救援事業（文化財レスキュー事業）が開始されている。この事業では、被災地への学芸員の派遣や博物館による被災文化財の一時保管等が実施され、有形の文化資源を中心に救出・保全が取り組まれた[3]。

また、被災地の復興の過程では、震災の記録を継承する観点から博物館の活動が注目された。震災遺構のための展示施設の整備や、博物館による震災をテーマとした展示の取組みが行われ、震災の記録あるいは記憶の風化を防止し防災意識を向上させる活動が展開されてきた[4]。

東日本大震災を含め頻発する大規模な自然災害は、地域社会における文化に関する専門的機関としての博物館およびその専門的職員である学芸員に求められる社会的役割や存在意義を改めて浮き彫りにしているといえる。

---

3　この事業の詳細については、東北地方太平洋沖地震被災地文化財等救援委員会（2012、2013）に詳しく記録されている。
4　たとえば、気仙沼市にあるリアス・アーク美術館では、震災以降の調査記録資料（写真や被災物）を中心とした常設展「東日本大震災の記録と津波の災害史」を2013年4月から公開している（山内編，2014）。

# 4. 文化の共有・継承をめぐる課題へのアプローチ

## （1）「相互扶助システム」と「専門処理システム」

　文化の共有・継承という地域課題の解決において、博物館を始めとする専門的機関への期待が強まっている状況がある一方で、専門的機関のみを頼りにすることがその課題の本質的な解決につながるのかという点についても考えてみる必要があるだろう。

　都市社会学者の倉沢進は、生活のなかでの人々の共通・共同の問題を解決するためのシステムを、「非専門家ないし住民による共通・共同問題の相互扶助的な共同処理」である「相互扶助システム」と「専門家・専門機関による共通・共同問題の専門的処理」である「専門処理システム」の2つに区分した（倉沢，1977：26）。そして、前者が村落における共同の原則であるとし、他方、後者は都市的生活様式を特徴づける重要なポイントとして指摘している。そのうえで、倉沢は「コミュニティ形成とは、相互扶助システムと専門処理システムの最適の組み合わせによる問題処理の新しいシステムの構築である」とする（倉沢，1998：46）。なお、ここでのコミュニティとは新しい共同生活の在り方を示す目標としての意味合いで用いられている。

　こうした倉沢による議論は、そもそも高度経済成長後の地域社会の在り方が大きな社会的関心となるなかで1970年代から提起されたものであるが、現在の地域文化をめぐる課題解決の方法を検討するにあたっても示唆に富んでいる。

　地域文化の共有・継承に関して、たとえば博物館・学芸員といった専門的機関・専門家にその課題解決を託す方法が専門処理システムによるアプローチとなるわけだが、本来、地域文化の共有・継承は住民の主体的なかかわりがあってこそ成り立つはずである。専門的機関・専門家に

192

その解決を一任してしまっては、その本質的な解決にはならないと見るべきだろう。文化資源に関する専門的機関・専門家としての博物館・学芸員の存在は、場合によっては地域文化の共有・継承における住民の主体性を損う要因にもなりえ、博物館・学芸員がその課題解決に積極的になればなるほど、地域文化の共有・継承の過程から住民が疎外される、あるいは、住民が博物館・学芸員の専門性に依存してしまうというジレンマに陥るという可能性も否定できない。

　住民の主体的な取組みによる「相互扶助システム」によるアプローチがやはり求められるのであり、まさに「相互扶助システムと専門処理システムの最適の組み合わせ」の模索が必要となる。

## （2）文化の共有者・継承者としての主体形成

　博物館の中にはボランティア事業のひとつとして、「市民学芸員」と題された事業を実施している館が少なくない。そうした事業では、住民ボランティアが市民学芸員としてその地域の文化資源の発見・保存・活用等の各種活動に取り組んでいることが一般的である[5]。このような取組みは、地域文化の共有・継承を目指した活動を住民自身がボランティアとして主体的に展開しているという点において、相互扶助システムの具体例として考えられる。

　同時に、市民学芸員事業のなかには、博物館がボランティアの研修充実などに努めることにより、その活動が博物館の補完的な位置づけにとどまらず、主体的・自律的な住民活動へと発展するような支援を意識的に実施している場合が多いことにも注目できる。文化資源を取り扱ううえで求められる知識や技術を習得するための支援を、その専門家である学芸員が行っているのである。こうした点からすると、市民学芸員事業のような地域文化の共有・継承にかかわる博物館でのボランティア活動

---

5　具体的な市民学芸員事業の報告例としては、栗東歴史民俗博物館における取組みを紹介した大西（2019）がある。

の構造は、相互扶助システムでありつつ、それがうまく機能するための専門的機関・専門家による支援が用意されていることから専門処理システムとしての側面を持っているとも捉えられる。文化の共有・継承という地域課題に対するアプローチにおいて、相互扶助システムを専門処理システムが補完をしている例だといってもよいのかもしれない。

　博物館は、それ自体が地域文化の共有・継承の主体であると同時に、住民による地域文化の共有・継承活動を支援する役割も担っているという点に改めて考えを及ばせる必要がある。博物館は単に文化に関する専門的機関であるということだけでなく、社会教育のための機関であるということが、文化の共有・継承という地域課題への取組みにおいても重要な意味を持つのである。

　文化の共有・継承においてその教育的仕組みが肝要となるのは、地域社会を基盤としたコミュニティだけではないのだろう。文化の共有者・継承者の主体を形成するという点で教育の役割が問われるのである。

### 研究課題

1. これまでの文化行政の動向を整理し、そこでの教育と文化の関係の推移について考察しなさい。
2. コミュニティ内に用意されている、具体的な文化の共有・継承のための教育的仕組み（たとえば、博物館）を取り上げ、その役割や課題について検討しなさい。

## 参考・引用文献

上田篤（1983）『行政の文化化』学陽書房

梅棹忠夫（1978）「地域社会と文化」文化庁監修『日本文化講座1』ぎょうせい、pp. 45-92

大西稔子（2019）「栗東歴史民俗博物館における市民学芸員制度の展開」『博物館研究』Vol. 54, No. 8

倉沢進（1977）「都市的生活様式論序説」磯村英一編『現代都市の社会学』鹿島出版会

倉沢進（1998）『コミュニティ論』放送大学教育振興会

タイラー、E.B.（1962［1873］）『原始文化』（比屋根安定訳）誠信書房

東京国立近代美術館他編（2021）『柳宗悦没後60年記念展 民藝の100年』東京国立近代美術館他

東北地方太平洋沖地震被災地文化財等救援委員会（2012）『平成23年度活動報告書』東北地方太平洋沖地震被災地文化財等救援委員会事務局

東北地方太平洋沖地震被災地文化財等救援委員会（2013）『平成24年度活動報告書』東北地方太平洋沖地震被災地文化財等救援委員会事務局

吉見俊哉（2018）『現代文化論―新しい人文知とは何か』有斐閣

山内宏泰編（2014）『東日本大震災の記録と津波の災害史』［リアス・アーク美術館常設展示図録］リアス・アーク美術館

# 13 | コミュニティにおける教育と福祉

柏木智子

《目標＆ポイント》 本章では、コミュニティにおける教育と福祉の連携について学ぶ。まずは、教育と福祉の両面がなぜ必要とされるのかについて、子どもの実態から把握し、その対応策としての政策動向を踏まえる。次いで、そのための学校の位置づけについて理解を深め、事例から具体的な実践の在り方を学ぶ。

《キーワード》 教育、福祉、子どもの貧困、困難を抱える子ども、チーム学校、子ども食堂、学習支援

## 1. 新型コロナウィルス感染症下における子ども間の格差拡大と社会的孤立

　昨今の新型コロナウィルス感染症（以下、COVID-19）の広がりにより、貧困・外国ルーツといった社会経済的に困難を抱えやすい子どもの生活状況が悪化し、子どもに関連する問題がより明確化される形となった。それは、社会経済的背景による子ども間の認知・非認知能力、心身の健康、ウェルビーイングに関する格差拡大と困難を抱える子どもの社会的孤立である。

　2020年に実施された不要不急の外出の自粛と一斉休校、およびその後も断続的に続く他者との身体的接触の回避の要請や休校の、特に困難を抱える子どもに対する影響の大きさが様々な調査から明らかにされている（UN2020, OECD2020, Economic Policy Institute 2020など）。なぜなら、学校や学校外支援団体による支援の停滞により、困難を抱える子ど

もの学びへのアクセスが保障されなくなっただけではなく、食事や栄養サービス、医療へのアクセスも限られるようになったためである。その結果、そうした子どもたちの学習機会の逸失に加え、栄養失調や病気の悪化、さらには被虐待経験の増加が指摘されている。そして、かれらが、社会的孤立のなかで、心身の健康につながる生そのものを脅かされる状態に陥ったと結論づけられている。加えて、COVID-19 の広がりは、子どものなかでも恵まれない一部の子どものすでに抱えているリスクを高め、回復を困難にさせると報告されている（OECD2020）。そうした調査は、子どもの認知・非認知能力、および心身の健康や幸福度の格差の現時点での広がりのみならず、将来にわたる拡大のおそれがある点を示唆している（三菱 UFJ リサーチ＆コンサルティング，2020）。

　上記から、子どもの福祉や成長、および将来の教育達成や雇用へのCOVID-19 の負の影響を縮減するためにも、改めて子どもの生と学びの保障の必要性を指摘することができる。特に、困難を抱える子どもの現在のリスクの高まりと将来に及ぶ不利を低減させるためには、そうした子どもへの学校内外の諸組織による包括的な支援と長期的なかかわりが求められる。そこでは、子どもの学びにかかわる教育と、子どもの生にかかわる福祉の両面からの支援が必要となる。

## 2. 子どもの貧困

　前節で述べたような困難を抱える子どもの実態および彼らに対する生と学びの保障の必要性は、すでに子どもの貧困対策のなかで指摘されてきた事項である。子どもの貧困は、2000 年代に入り、格差社会と貧困問題がクローズアップされるなかで認識されるようになった社会問題である。以下、柏木（2022a）に基づいて述べる。

　2012 年に実施された厚生労働省の「国民生活基礎調査」によると、

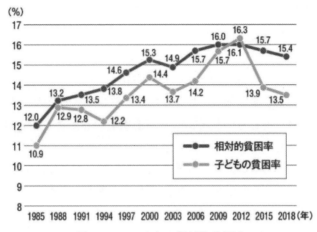

**図 13 − 1　日本の相対的貧困率**

出典：厚生労働省　国民生活基礎調査の概況（2020 年）

子どもの貧困率は 16.1％と、子どもの約 6 人に 1 人が貧困状態にあった
とされる（図 13 − 1）[1]。この値は、先進諸国のなかでも高い値であっ
たために、社会的な注目が集まり、対策が打ち出されるようになった。
ただし、調査開始の 1985 年時点で、すでに 10％を超える貧困率であっ
た点に留意が必要である。その頃、一億総中流社会と見なされるなかで、
対策を講じられていなかった貧困状態にある子どもたちが現在の保護者
世代となっている。貧困の世代間連鎖が起きる主要な要因はここにある
と思われる。

　貧困状態にある子どもは、各種実態調査から、低学力・低学歴（中卒
や高卒）・心身の不健康になりやすく、自尊感情や意欲や希望を持ちに
くい傾向にあることが明らかにされている（阿部，2008 等）。さらに学
校では、居心地が悪く、のけ者にされている等の疎外感を感じやすく、

---

1　子どもの貧困率は、相対的貧困率から割り出された数値である。相対的貧困率
は、OECD やユニセフなどの国際機関で用いられる貧困の測定指標である。その算
出方法は、等価可処分所得（世帯の可処分所得を世帯員数の平方根で割ったもの）
の中央値の 50％を貧困線とし、それに満たない人々が全体に占める割合を求める。

いじめを受けやすい状態にあると指摘される（橋本，2018 等）。これらの困難は、貧困状態にある子どもに複合的に積み重なりやすい。その結果として、貧困状態にある子どものなかには、何をしても無駄だし、どうしようもないとあきらめる過程で無力化し、「なぜ生まれてきたんだろう」と生きる意味を見出だせなくなり、生きる気力を失う子どもがいる。そのため、子どもの貧困は、経済的困窮から子どもの人権や尊厳、および生の否定につながる社会問題であるといえる。

　子どもがこれら困難を抱える背景要因として、衣食住に関する基本的な生活条件や子ども期に必要な経験を満たされずに過ごしている点がある。山野（2019：75-76）による調査では、経済的に困窮するほど、「食費を切り詰めた」「新しい衣服・服を買うのを控えた」「子ども部屋が欲しかったがつくれなかった」「子どもを医療機関に受診させることができなかった」「子どもを習い事に通わすことができなかった」「子どもの誕生日を祝えなかった」「家族旅行（テーマパークなど日帰りのおでかけを含む）ができなかった」とする保護者の回答が増えている。これらから、貧困状態にある子どもは、お腹がすいていたり、体の調子が悪くても病院に行けなかったり、学校生活に必要なモノや服を揃えられなかったり、学校以外で習い事やレジャー等の様々な経験を積みにくいことが分かる。そのために、学校での学習や友人関係に安心して参加したり、学校外でも勉強したり遊んだりしたりすることがなかなかしにくい状態にあると考えられる。

　これは、内閣府による「令和 3 年子供の生活状況調査の分析報告書調査」（2021）からも示されている。経済的困窮に置かれている子どもの方が、「学校の授業以外で勉強はしない」、学校の授業について「分からないことが多い」「ほとんど分からない」と回答する傾向にある。加えて、「誰にも相談できない、相談しない」と回答した割合が高く、貧困状

態にある子どもが誰にも相談できずに孤立しやすい状況に置かれていることがわかる。

　このように、子どもの貧困は、子どもがその所属する社会で当然と見なされている活動をするための経済的資源を欠き、モノや文化を剥奪され、それゆえに学校内外で繰り広げられる様々な活動への十全なる参加をなしえずに周縁化され、人間としての権利や尊厳およびウェルビーイングを奪われつつある状態と捉えられる（柏木，2020）。そうした子どもたちのなかには、上述した複合的困難から生きる気力を失うプロセスのなかで、誰も信頼できずに、社会への信頼を喪失する子どもがいる。弱者が希望を持てずに社会への不信を高める状況は、社会の分断をもたらし、社会全体の不安定化と当事者およびすべての人々のウェルビーイングの低下をもたらしかねない（ハーグリーブス，2015）。したがって、COVID-19下の問題と同様に、子どもの貧困は、子どもの現在と将来に及ぶ、加えて社会全体を揺るがす大きな問題であるといえる。

## 3.　子どもの貧困対策

　子どもの貧困が社会問題として認識されたのち、2014年に「子どもの貧困対策の推進に関する法律」（以下、子どもの貧困対策法）が施行され、同年に「子供の貧困対策に関する大綱」（以下、大綱）が閣議決定された。それらによって推進された政策の成果もあり、2019年に実施された厚生労働省の「国民生活基礎調査」によると（図13−1）、子どもの貧困率は13.5％と、2012年の16.1％と比較して低い結果となった。しかしながら、いまだに約7人に1人が貧困状態あるという厳しい現状を示すものでもあった。それゆえ、子どもの貧困が引き続き問題視され、2019年には上記法律と大綱が改正され、改めてその対策が求められている状況にある。

　子どもの貧困対策法では、第1条の目的に「子どもの現在及び将来が
その生まれ育った環境によって左右されることのないよう」と記され、
どのような家庭に生まれようとも、すべての子どもにチャンスがある社
会の実現がめざされている。ここには、貧困の世代間連鎖を断ち、生ま
れによる不平等をなくそうとする意図がうかがえる。また、そのために
教育の機会均等が重視され、国や地方自治体の責務が明記された。

　また、第2条では、子どもの貧困対策の基本理念として、子どもの「最
善の利益が優先して考慮され、子どもが心身ともに健やかに育成される
ことを旨として、推進されなければならない」と述べられている。それ
ゆえ、本法律を受けた大綱では、子どもの貧困問題の改善に向けた重点
施策として、教育の支援、生活の安定に資するための支援、保護者に対
する職業生活の安定と向上に資するための就労の支援、経済的支援の4
点が提示された。

　特に、教育の支援では、「学校を地域に開かれたプラットフォームと
位置付け」たうえで、教育の機会均等を図るために、総合的な子どもの
貧困対策の推進が求められた。そのため、2014年当時には、学力・学
習支援に焦点化される形であったのが、2019年にはそれを維持しつつ
もより広範な支援項目と内容が追記された。具体的には、①幼児教育・
保育の無償化の推進及び質の向上、②地域に開かれた子供の貧困対策の
プラットフォームとしての学校指導・運営体制の構築（スクールソーシ
ャルワーカーやスクールカウンセラーが機能する体制の構築等）、③高
等学校等における就学継続のための支援、④大学等進学に対する教育機
会の提供、⑤特に配慮を要する子供への支援（児童養護施設、特別支援
教育や外国人児童生徒等への支援を含む）、⑥教育費負担の軽減、⑦地
域における学習支援等（地域学校協働活動における学習支援、生活困窮
世帯等への学習支援）、その他である。加えて、2019年大綱では、子ど

もの生活の安定に資するための支援もより強く求められ、学習のみならず、その基盤となる生活の両側面からの支援が改めて規定されることとなった。

　貧困状態にある子どもに対する、学習と生活のこうした両側面からの支援の必要性は、「生活困窮者自立支援法」の改正に端的に示される。2015 年に施行された同法は、生活困窮家庭の「子どもの学習支援事業」を任意事業として実施することを求めていた。ただし、2018 年厚生労働省による「生活困窮者等の自立を促進するための生活困窮者自立支援法等の一部を改正する法律案」では、その事業を「子どもの学習・生活支援事業」へと名称変更する旨が示され、2019 年からは生活支援にも目を向けた学習支援が実施されている。このように、子どもの貧困対策をめぐっては、子どもの教育の機会均等に向けて、学力・学習保障に加えて生活保障にも注力するよう推移してきたといえる。

　上記から、子どもの貧困対策では、学校をプラットフォーム化し、まずは子どもの生を、そのうえで学びの保障をすることがめざされていると考えられる。子どもの生の保障とは、子どもの心身の健康のために、子どもの生活基盤を整え、生存権と最善の利益を守るために支援を行うことを指す。そうした保障は、子どもが人生を豊かに生きて、ウェルビーイングを高められる状況につながる。また、生活基盤とは、日常生活と学校生活の両方を指し示すものとなる。

　こうした政策を含めて、すべての子どもの最善の利益とウェルビーイングを保障するための子ども政策を推進するために、2023 年度にこども家庭庁が設置された。こども家庭庁は、子どもや家庭が抱える様々な複合する課題に対し、制度や組織による縦割りの壁、年度の壁、年齢の壁を克服した切れ目のない包括的な支援をめざしている。そのために、内閣官房（2021）では、すべての人々が学校等の場をプラットフォームと

して相互に協力しながら、「誰一人取り残さず、抜け落ちることのない支援」を行うために、子ども・家庭に確実に届くプッシュ型支援、アウトリーチ型支援に一体的に取り組むと記述されている。そのなかで、上記法律や大綱と重なり重要なのは、子ども本人だけではなく、家族を始めとする生育環境へのアプローチが不可欠と述べられているところにある。加えて、今後は、教育行政と福祉行政が連携するのみならず、それらが一体化して支援を行うことが求められている点である。

## 4. プラットフォームとしての学校とチーム学校

「プラットフォームとしての学校」とは、子どもを支援するための拠点として学校を位置づけようとする考え方のことを指す。学校は、すべての子どもの状態を把握することのできるところである。そうした学校の利点を生かして、様々な問題を抱える子どもを早期発見し、何らかの支援へとつなげ、子どもの最善の利益を保障しようとする発想から生まれた用語になる。ここで大切なのは、学校のなかでの問題解決のみならず、学校が拠点となって多様な人々や諸機関と子ども・保護者をつなぎ、学校外での子どもの支援の充実を図ろうとするところにある。

その理由は4つある。1つ目は、子どもの抱える問題は、より複雑化・困難化し、教員だけで対応することが難しくなってきているためである。2つ目は、上述したように、子どもの困難の背景には家庭の事情があり、そこに届くアプローチをするためには、学校外の人々の支援が必要であるためである。3つ目は、プラットフォームとしての学校は、子どもの貧困対策の一環として提示されたものではあるが、今や子どもの抱える課題全般への対策を推進するものとなっているためである。現在では、貧困状態にある子どもに加え、被虐待児、外国人児童生徒、あるいは特別支援教育を受ける子ども、さらにヤングケアラー等、多様な困難を抱

える子どもの存在が見出だされている。4つ目は、子どもたちが多くの困りごとを抱えているものの、それを言えずに自分で抱えたまま生きづらくなっているという事態が生じているためである。その結果として、学力や意欲や自己肯定感を低下させたり、心身ともに不健康な状態に陥ったり、自分や他者を傷つけてしまったり、学校や社会に参加できずにそこから距離を取ってしまったりする状態が生じている。こうした子どもたちの状態に大人たちがいち早く気づき、子どもたちが生まれてきてよかった、生きるのが楽しい、幸せだと感じられるような手だてを打つことで、すべての子どもたちが生きる希望を持てるように、教育と福祉の両面からの学校内外における包括的な支援を求めるところにこの用語の意義がある。

　したがって、プラットフォームとしての学校では、学校を拠点に、多様なメンバーからなる多層なチームが組まれている。そして、教員が問題を丸抱えするのではなく、心理や福祉等の専門家や専門機関の職員と連携しながら問題の解決にあたることが求められている。また、保護者や地域住民の力を借りることも必要な場合がある。こうしたチームによる問題解決方法は、2015年に出された「チームとしての学校の在り方と今後の改善方策について」（答申）で求められたチーム学校と重なるものである。

　また、プラットフォームとしての学校には、現時点における連携・協働の拠点としての役割だけではなく、「長期包括支援型」プラットフォーム（末冨，2016）としての役割も課せられている。それは、義務教育段階での子どもと保護者の支援だけでなく、小学校入学前や高等学校段階での就労支援や学び直し支援も含めた、子ども期の18年、さらに若者期にわたる支援を意味する。子どもの貧困が、子ども期だけではなく、その後の将来を含めて継続的な不利を生じさせる点から考えると、長期

的な視野で支援の方策を考えることは非常に重要となる。

　このように、子どもが生まれてから成人になるまでの長期的視野で、かつそれぞれの段階では多職種・多機関・多様な人々が支援の連携を図る拠点が学校であり、それを支えるのがチームであると整理できる。これらは、前節で述べた支援項目と内容にも重なるものである。

　そのため、プラットフォームとしての学校は、様々なチームを有する。①学校内における教職員チーム：管理職、ミドルリーダーに相当する研究主任等の教諭、担任、養護教諭、司書教諭、その他様々な役割を担う教諭、事務職員、スクールソーシャル・ワーカー、スクールカウンセラー、スクールローヤー、その他の専門職員からなる。②学校内外からなる専門機関チーム：学校、教育委員会、教育相談・支援センター、病院、保健所、児童相談所、社会的養護施設、警察、子ども家庭センター等からなる。③学校内外からなる地域連携チーム：学校、家庭、地域、NPO団体、子ども支援諸団体、企業等からなる。④異校種間チーム：保育園、幼稚園、小学校、中学校、高等学校、行政諸部局からなる。図13－2は、①～③のチームを簡単に示したものである。

　このようないくつものチームからなるプラットフォームとしての学校が機能するためには、管理職あるいはミドルリーダーのマネジメントが必要とされる（文部科学省，2022）。同時に、学校外の支援を担うコーディネーター兼活動の担い手の存在も重要となる。コミュニティの意義は、子どもの生活に個別に直接的にアプローチすることができるところにある。また、困難を抱える子どもを多くの大人で支援することができることに加え、異動のある教員とは異なり、長期的視野に立った支援が可能になるところにある。したがって、地域住民が③のチームのマジメントと活動を一方で担ったり、④のチームの連携の媒介役になったりするとうまくいく場合が多い。ただし、それは地域住民ひとりでできるわ

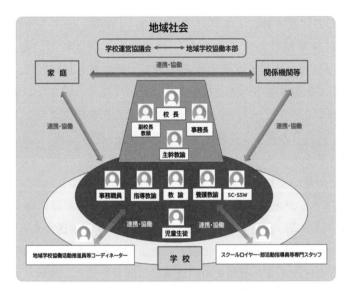

**図13-2　チーム学校における組織イメージ**

出典：文部科学省『改訂生徒指導提要』p. 69

けではない。地域住民がそうしたマネジメントや活動を組織的に担えるようにするための、地域学校協働本部やNPOといった団体が必要となる。

## 5. コミュニティにおける子どもへの包括支援

　本節では、学校と連携しながら、コミュニティにおいて子どもへの包括支援を行っているタウンスペースWAKWAK（ワクワク）（以下、WAKWAK）の実践を紹介する。WAKWAKは、2012年に大阪府高槻市富田地域に設立された非営利型の一般社団法人である。WAKWAK（2022）の目指す社会は、「すべての人に居場所と出番がある社会」「すべての人がSOSを発信でき、互いに支え・支えられる社会」「新しい公

206

共としての住民主体による「自立」「参加」「協働」による地域の再生
と互いに絆を結びあえるつながりの社会」と記されている。また、
WAKWAK は、支援を必要とする子ども、一人暮らし高齢者、障がい
者、子育て家庭や若者への支援サポートだけでなく、新たな雇用の創出
や居場所づくりなど一人一人の生活にあわせた町の姿をグランドデザイ
ンし、住民自らの参加と協働による町づくりをめざすと述べられている。
これは、社会から孤立しがちな人々に光をあてる、「排除ではなく社会
的包摂」の町づくりといえる（岡本，2022）。

　WAKWAK が主に活動する富田地域は、大阪府の北部にある高槻市
西部に位置する。古くから寺内町として栄えてきた地区がある一方で、
約500戸の公営住宅を有し、生活困窮世帯や一人親家庭・高齢世帯等が
集住する地区がある。そのため、地域には弱者を支える地域ネットワー
クづくりに長年にわたり取り組んできた伝統がある。そうした社会資源
を生かしながら、学習支援と2つの子ども食堂を通じて、子どもの居場
所づくり事業を行っている。

　学習支援とは、無料または低額で放課後や休日等に子どもの宿題を見
たり、予習復習の手伝いをしたりする活動を指す。また子ども食堂とは、
無料または低額で食事を提供する場を指す。湯浅（2017）によると、子
ども食堂は主に「共生食堂」と「ケア付き食堂」に分類される。前者は、
誰もが立ち寄ってご飯を食べながら、何気ない会話をして和気藹々と過
ごす「地域交流拠点」としての機能を有する子ども食堂である。これは、
従来行われてきた地域活動の延長線上にあるものとして捉えられる。後
者は、「子どもの貧困対策」としての機能を有する子ども食堂である。
子ども食堂の始まりの契機でもあり、ムーブメントを起こした主要な要
因として、食に困難を抱える子どもや保護者を支援しようとする人々の
思いがあると考えられる。そのため、「ケア付き食堂」は、貧困状態に

ある子どもに対して、温かなかかわりのなかで少しでも栄養バランスの
とれた食事を提供する場となっている。ただし、ケアなどどうでもいい
という「共生食堂」もなければ、共生など必要ないという「ケア付き食
堂」もないとされ、両方の機能の充実が多くの子ども食堂で図られつつ
ある。なお、「共生食堂」では多くの大人や子どもが総じて広く薄くか
かわるのに対し、「ケア付き食堂」では一対一の狭く濃いかかわりがな
されるという。

　WAKWAK は、まず、2014 年に生活困窮者自立支援制度を先取りす
る形で、生活困窮家庭など様々な課題を持つ子どもたちへの学習支援を
始めたという。そして、2017 年に学習支援と並行して「共生食堂」と「ケ
ア付き食堂」の 2 つの食堂を始めたとされる。これらに、コミュニティ・
ソーシャルワーク事業を連動させている。2018 年時点の事業概要を整
理したものが表 13 - 1 である。これらの活動では、学校とも連携し、
「来てほしい子どもたち」が参加できるように教員が働きかけていると
いう。また、子ども食堂に教員が参加したり、学習支援活動に教えにき
たりするなかで、子どもたちが安心して過ごせるよう連携・協働しつつ
支援を行っている。その他、小・中学校との連携会議を定期的に開催し
たり、必要に応じてケースカンファレンスにも参加したりし、困難を抱
える子どもの支援を担っている。さらに、総合的な学習の時間を通じ
て、子どもたち自身が「ひとりぼっちのいない町」づくりに取り組んだ
り、「共生食堂」の担い手として参加したりしている。これらの様子は、
NHK や内閣府広報番組等で放映されている。詳細は、映像教材のなか
で紹介する。

　近年、全国では多様な子どもの居場所が作られている。そのなかには、
洗濯機やシャワー等を備え、子どもが体操服等をその場で洗濯したり、
シャワーを浴びて文化的な生活を送れたりするようシェルター機能を有

しているところもある。このような学校外での子どもの生と学びの保障
により、子どもはモノを揃えて学校に行き、学校で安心して過ごせて、
学習活動にも友だちとの遊びにも積極的に参加できるようになる。子ど
ものウェルビーイングを高めるためには、このような教育と福祉の両面
からの支援が必要となる。学校でもそのための仕組みづくり
が、学校外ではそうした役割を担える諸団体の育成が求められる（柏木,
2022b）。地域学校協働本部が事業として担っているところもあるが、困
難を抱える子どもへの支援はそれほど容易ではなく、財源や専門的知識
を有するスタッフの養成も重要となる。困難を抱える子どもへの教育と

## 表13－1　事業概要（2018年度事業）

**学習支援わんぴーす**
(1) 目的　生活困窮家庭をはじめ様々な課題をもつ子どもたちの学習支援
(2) 期間　4月～3月の毎週2回月・水の午後7時～9時
(3) 場所　高槻市立富田ふれあい文化センター
(4) 対象　高槻市立第四中学校区の中学生（定員10名）
(5) 授業料　12,000/月　※生活保護受給家庭・ひとり親家庭6,000/月
　　　※受講料の支払いが難しい家庭（法人自主事業費対応）
(6) 講師　8名（教職経験者7名、大学生13名計20名でローテーションシフト）
(7) 運営費　受講料・法人自主事業費・企業等からの助成金活用

**ただいま食堂（ケア付き食堂）**
(1) 目的　クローズドでケースの発見→相談→支援が目的
(2) 期間　4月～3月の毎週1回水の午後5時半～7時
(3) 場所　高槻市立富田ふれあい文化センター
(4) 対象　高槻市立第四中学校区の小中学生および卒業生の高校生も参加（定員16名）
(5) 利用料　小・中学生100円/食・高校生300円/食・大人500円/食
　　　※事前登録制
(6) スタッフ　8名（民生委員・社会福祉士・元保育士・大学生で構成）
(7) 運営費　利用料・法人自主事業費・企業等からの助成金活用

**わくわく食堂（共生食堂）**
(1) 目的　オープンで誰もが参加できる仕組みかつ多様なセクターを巻き込みボトムアップで社会変革を生み出す場
(2) 期間　年2回イベント型で開催
(3) 場所　高槻市立富田ふれあい文化センター・社会福祉法人つながりサニースポット
(4) 対象　興味のある方ならだれでも参加可能　のべ1,060名参加
(5) 食事代　小・中学生100円/食・大人300円/食　※事前登録なし
(6) スタッフ　小中学生・地域諸団体・大学生等　120名
(7) 連携団体　地域団体・学校・行政・大学・企業など40団体の参加
(8) 運営費　食事代・法人自主事業費・企業等からの助成金活用

**コミュニティ・ソーシャルワーク事業**
(1) 目的　地域住民の多様な困りごとについての相談・支援を行い地域関連組織、行政、学校等との連携の上で解決を図る
(2) 期間　月～金の9時～17時
(3) 場所　タウンスペースWAKWAK事務所
(4) 対象　地域住民全般
(5) 相談料　無料
(6) 運営費　法人自主事業として実施

出典：岡本（2022）

福祉の両面からの支援のためには、共助を推奨しボランティアを動員するだけではなく、行政が責任を持ってメタガバナンスを行うことも求められる。

## 研究課題

1．子どもの貧困とは何か、述べてください。
2．関心のある自治体の子どもの貧困対策施策について調べて、まとめてください。
3．地域住民やNPO等によるその他の実践事例について調べて、まとめてください。

## 参考・引用文献

阿部彩（2008）『子どもの貧困』岩波書店
Economic Policy Institute.（2020）*Covid-19 and student performance, equity, and U.S. education policy*
Hargreaves, A.（2003）*Teaching in the Knowledge Society: Education in the Age of Insecurity*, Teachers College Press（＝木村優・篠原岳司・秋田喜代美訳（2015）『知識社会の学校と教師－不安定な時代における教育』金子書房）
橋本健二（2018）『アンダークラス』筑摩書房
柏木智子（2020）『子どもの貧困と「ケアする学校」づくり』明石書店、2020年
柏木智子（2022a）「子どもの貧困問題の解決に向けた学習・生活保障における課題」

『学習社会研究』第 4 号、pp. 128-145

柏木智子（2022b)「「子どもの貧困」実態調査と求められる支援」『最新教育動向』pp. 194-197

三菱 UFJ リサーチ&コンサルティング（2020)『政策研究レポート　新型コロナウイルス感染症によって拡大する教育格差』

文部科学省（2022)『改訂生徒指導提要』

内閣官房（2021)『こども政策の推進に係る有識者会議報告書』

OECD（2020)『新型コロナウイルス感染症が子供に与える影響に対処する』

岡本工介（2022)「タウンスペース WAKWAK」谷川至孝・岩槻知也『子どもと家庭を包み込む地域づくり』晃洋書房、pp. 133-146

Ridge, T（2002）Childhood Poverty and Social Exclusion, The Policy Press.（＝中村好孝・松田洋介訳（2015)『子どもの貧困と社会的排除』桜井書店)

末冨芳（2016)「子どもの貧困対策のプラットフォームとしての学校の役割」日本大学文理学部人文科学研究所『研究紀要』第 91 号、pp. 25-44

United Nations（2020）*The Sustainable Development Goals Report 2020.*

WAKWAK（2022)『高槻富田地区インクルーシブ・コミュニティ・プロジェクト　未来にわたり住み続けたいまち　アニュアルレポート』

山野則子（2019)『子どもの貧困調査』明石書店

湯浅誠（2017)『「なんとかする」子どもの貧困』株式会社 KADOKAWA

# 14 越境的な教育コミュニティの可能性

武井哲郎

《**目標&ポイント**》 マイノリティとされる人々をつなぎあわせてきた越境的
な教育コミュニティに備わる機能を、社会の変革とも結びつけながら考察す
る。併せて、ガバナンス改革が進展するなかで民間の教育コミュニティがそ
の存在感を高める可能性があることを、課題とともに理解する。
《**キーワード**》 セルフヘルプ・グループ、親の会、当事者、フリースクール、
公費助成

## 1. マイノリティとコミュニティ

### （1）越境的な教育コミュニティとは何か

　コミュニティの存在は、私たちの暮らしを幸せで豊かなものにするの
だろうか。学校教育や社会教育の領域を見渡すと、たとえばPTAがそ
うであるように、歴史あるコミュニティのなかでも運営の方法や役割・
機能の問い直しが課題となっていることに気づかされる。また、ガバナ
ンス改革の進展に伴って新たに組織された教育コミュニティについて
も、地域社会の多様性（ジェンダー・バランスなど）を必ずしも反映で
きてはいないことが指摘されている（たとえば第7章「コミュニティ・
スクールの制度化と実践の展開」を参照）。教育をめぐる諸課題に対す
る解決策を考える際、コミュニティに対して過度な期待を寄せるのは、
残念ながらおそらく適切でない。
　とはいえ、信頼に基づいた継続的なコミュニケーションをとることの
できる教育コミュニティの存在が、幸せで豊かな暮らしを実現するため

の礎となるケースもある。とりわけマイノリティ＝社会的少数者にとって、同じ境遇にある人や同じ課題に直面する人と交流できる場を持てることは、各自が抱えてきた悩みや苦しみを受け止めあうことによる安心感の醸成につながる。こうしたコミュニティは「セルフヘルプ・グループ」と呼ばれるもので、教育の分野では障害のある子どもや不登校の子どもを持つ保護者らが「親の会」を組織してきた。「少数者」であるからこそ校区や自治体の枠を越えてメンバーを募り、地縁的な関係性に縛られない教育コミュニティとして独自の存在感を発揮している。

　本章の主題となるのは、マイノリティとされる人々をつなぎあわせてきた越境的な教育コミュニティの機能である。近年では、「親の会」のようなセルフヘルプ・グループのみならず、不登校の子たちが安心して過ごせる居場所を開設してきた「フリースクール」と呼ばれる民間施設に対しても、社会の注目が集まっている。一条校[1]には行かない・行けない子が集っているという点で、フリースクールもまた地域性に捉われないコミュニティだといえよう。「親の会」やフリースクールのような"民"の組織を、ガバナンス改革の中でどのように位置づけるのかという問題にも目を向けながら、越境的な教育コミュニティの可能性について考察を加えていきたい。

## （2）「親の会」に備わる機能

　越境的な教育コミュニティの代表例ともいうべき組織のひとつに、障害のある子どもを持つ「親の会」がある。たとえば、全国に55ある団体の連合体として活動する「手をつなぐ育成会」は、1952年に知的な障害のある子を持つ3人の母親が中心となって設立した「精神薄弱児育

---

1　「一条校」とは学校教育法第一条に登場する教育施設を指す言葉である。日本では、保護者がその子どもに普通教育を受けさせる義務をはたす際、小・中学校といった「一条校」に通わせることが求められてきた（就学義務）。「一条校」には国公立のみならず私立も含まれる。私立であっても公費の助成を受けられるが、学習指導要領に沿った教育を行わねばならないといった規制も課される。

成会（別名：手をつなぐ親の会）」を前身とする組織である[2]。こうした全国規模の「親の会」は他の障害種別（LD、難聴など）でも見られるもので、その多くは各地域を拠点とする「親の会」と連携しながら活動を進めている。

　では、セルフヘルプ・グループが存在することは、マイノリティとされる人々にとってどのような意味があるのか。まず、グループのなかでメンバーが体験や情報を共有するプロセスを通じて、アイデンティティの刷新が図られるという機能がある。グループ内で相互に援助しあう関係性が作られることは、傷つけられた自尊心の回復につながるからだ。さらに、新たなアイデンティティを獲得したメンバーのなかには、社会・政治・行政に対して声を上げる者も出てくる。マイノリティとされる人々がスティグマ（負の烙印）を付与されたり、経済的・文化的に不当な取扱いを受けていたりするのならば、その状況を変えるために動き出す必要があると考えるからだ。セルフヘルプ・グループとは、メンバーが自己変革できる場であるのみならず、社会変革に向けた運動の拠点ともなりうる存在だといえるだろう（三島，1998）。

　障害のある子どもを持つ「親の会」に関しても、運動の拠点として機能してきた歴史がある。たとえば、第二次世界大戦後も長く就学義務の猶予または免除[3]の対象となってきた知的障害児が学校教育を受けられるよう、1950年代から国や自治体に対して働きかけてきたのが「手をつなぐ育成会」だ。「手をつなぐ育成会」は、保護者の手記を通じて学校教育が受けられることの積極的意義を提示するとともに、教員とも協力関係を築きながら「特殊教育」（当時）にかかわる条件整備の必要性を訴えた。保護者が就学義務をはたそうとしても、そもそも障害のある子どもが通える学校が十分にないという問題をつまびらかにすること

2　http://zen-iku.jp/aboutus より（最終アクセス日：2022年8月26日）
3　保護者に課される「就学義務」には例外が存在する。「病弱、発育不完全その他やむを得ない事由のため、就学困難と認められる者の保護者」（学校教育法第18条）に対して認められるもので、就学義務の猶予または免除と呼ばれる。

で、1970 年代には全国で養護学校の設置が進み、結果として猶予また
は免除を受ける者の数は大幅に減ることになった（橋田，2018）。障害
のある子どもを取り巻く教育環境の充実に、地域性に捉われないコミュ
ニティとしての「親の会」が影響力を発揮した好例と考えられよう。

## （3）「親の会」の参加

　さらに近年では、「親の会」の側が現行の制度・政策に対して異議を
申し立てるだけでなく、文部科学省や教育委員会が設置する審議会の委
員に「親の会」の代表者らが名を連ねるようにもなった。これは、ある
政策を立案・決定・実施する際に、当事者の意向を無視して進めること
は避けるべきだという考え方が広がったことを意味する。実際に、「特
別支援教育の在り方に関する調査研究協力者会議」が 2003 年にまとめ
た最終報告でも、「教育委員会や学校において障害のある児童生徒一人
一人の教育的ニーズに対応して質の高い教育をより効果的に推進する」
ためには「親の会」や NPO との連携協力を図る必要があるという認識
が明確に示されていた。障害者をめぐる他の政策と同様に、教育の分野
においても当事者の参加が一般化するのであれば、「親の会」がはたす
役割は今後ますます重要なものとなる。

　ただ、「親の会」があくまで保護者同士をつなぐコミュニティである
以上、子どもの学習や生活に直接の影響が及びうるテーマにどこまで踏
み込んで声を上げるかという点は、悩ましい問題ともなりうる。たとえ
ば障害のある子どもの場合、特別支援学校に就学するのか、それとも居
住地にある通常の学校に就学するのか、小・中学校入学の段階で保護者
には選択が求められる。また、居住地の学校に通う場合も、特別支援学
級と通常の学級のどちらに在籍するのか、通常の学級に在籍しながら通
級による指導を利用するのかどうか、検討しなければならない。障害の

種別や程度によって保護者の判断も一様ではないことを考えれば、就学先・在籍先をめぐって「親の会」が意見・要望をとりまとめることはそう簡単なはずがないと、容易に想像できるだろう。子どもの将来にとって何が望ましい選択なのかが問われるようなテーマについて、保護者の意向をどのように汲み上げていけばよいのかという点は、丁寧な検討が求められる課題といえよう。

## 2. 不登校の子どもとフリースクール

### （1）「親の会」による運動

　教育の分野で組織されてきた「セルフヘルプ・グループ」としてもうひとつ見逃せないのは、不登校の子どもを持つ保護者らによる「親の会」だ。

　不登校は 1980 年代頃まで「学校恐怖症」や「登校拒否」と呼ばれていて、学校に通おうとしない子どもやその保護者の側に問題があると考えられてきた。また、保護者には子どもを小・中学校等に「就学させる義務」があると学校教育法で明記されていることから、文部省（当時）や教育委員会も学校に復帰させることを求めてきた。こうした「登校」を自明視する社会や行政の考え方に反発の声を上げたのが「親の会」である。たとえば、「登校拒否症はきちんと治療しておかないと、20 代、30 代まで無気力症として尾を引く」という専門家の見解を紹介した新聞記事（1988 年 9 月 16 日付朝日新聞夕刊 1 面）が出た際には、「登校拒否を考える会」という「親の会」が中心となって同年 11 月に集会を開いている。そこでは、「登校拒否は病気ではなく、すぐ専門家の治療が必要というのはおかしい」のであり、「問題はむしろ学校側にある」といった意見が出されたという（1988 年 11 月 13 日付朝日新聞朝刊 2 面）。学校に行かない・行けない子どもを持つ保護者らによる「親の会」が各

地に設立されると、全国規模のネットワークを組織しようという動きへとつながり、現在の「NPO法人登校拒否・不登校を考える全国ネットワーク」の前身となる団体が1990年に誕生した（奥地，2019）。

　「親の会」による運動が活発化するにつれて、登校拒否・不登校に対する文部省のスタンスにも変化が生じ始める。1992年には、文部省が発足させた「学校不適応対策調査研究協力者会議」の報告において、登校拒否（不登校）が誰にでも起こりうるものであるという視点に立つことの必要性が示された。さらに、同報告を受けて出された「登校拒否問題への対応について」という文部省初等中等教育局長通知（1992年9月24日付）では、学校が児童生徒にとって自己の存在感を実感でき精神的に安心していることのできる場所となるよう求めるとともに、状況によって民間の相談・指導施設の利用も検討されてよいことが明確になった。民間施設の利用をもって指導要録上の出席扱いとすることがこの通知で可能になった点は、学校に行かない・行けない子どもやその保護者にとって大きなインパクトを持つ出来事だったといえる。

## （2）フリースクールというコミュニティ

　「登校拒否問題への対応について」でその利用が認められることになった民間の相談・指導施設とは一般に「フリースクール」と呼ばれるもので、1980-90年代に全国で有志のメンバーによる設立が相次いだ。学校に行かない・行けない子が通う場として平日の昼間の時間帯に開所するという点はおおむね共通するものの、団体によってはあえて「スクール」という言葉を使わずに「フリースペース」と名乗ることもあるなど、設立の理念や活動の中身は一様ではない。ただ、大人と子どもが対等な関係を築くことが目指されていたり、子どもを交えたミーティングにおいて意思決定を行っていたりと、フリースクールやフリースペース

を称する団体には、同じ一条校の枠外にある学びの場のなかでも進学塾
や補習塾とは異なる特徴があった（菊地・永田，2000）。学校に行かな
い・行けないという点でマイノリティとされる子が地域を越えて集える
コミュニティでありながら、子どもの自己決定権や意見表明権を可能な
限り尊重するという（既存の学校にはあまり見られない）先進性を備え
た場であることを、フリースクールの側は当時から強調していた。

　しかし、フリースクールの存在やその特徴的な実践が、行政・学校か
らスムーズに受け入れられたわけではない。上述のように文部省は民間
施設の利用をもって指導要録上の出席扱いとすることを 1992 年の通知
で認めたのだが、そのなかでは学校への「復帰」を前提とすることが求
められており、校長にその判断を委ねていた。そのため、同じフリース
クールのなかでも出席扱いが認められる子と認められない子が混在する
など、校長によって判断がわかれるような状況が続いた。実際に、NPO
法人フリースクール全国ネットワークが 2003 年に行った質問紙調査で
は、回答のあった 120 の団体のうち「一部の子については、出席扱いと
されている」のが 19.2% という結果が出ている。「すべての子について
出席扱いが認められていない」団体も 17.5% は存在するなど、民間施設
の利用がすべて認められたわけではなかった（フリースクール全国ネッ
トワーク，2004：71）。

　加えて、多くのフリースクールは利用者から納められる会費を主たる
財源としながら小規模で運営されてきたため、経済的基盤が脆弱な状態
にある。2003 年に行われた上記調査では、総収入 1,000 万円以下という
団体が半分強を占め、有給スタッフがいないという団体も 1/3 に上って
いた（フリースクール全国ネットワーク，2004：73, 79）。2015 年に文
部科学省が実施した「小・中学校に通っていない義務教育段階の子供が
通う民間の団体・施設に関する調査」でも、運営に携わるスタッフのお

よそ3割が無給であるという結果が出るなど、財務状況の厳しさが明らかとなっている。むろん利用者を不必要に長く囲い込むような営利優先の団体が跋扈してはならないのだが、事業継続の困難さを理由にフリースクールが閉鎖を余儀なくされれば、それは不登校の子どもが安心して過ごせるコミュニティがひとつ失われることを意味する。フリースクールの側はかねてより公費の助成を求めてきたが、1990–2000年代にそれが実現したのはごく一部の自治体に限られていた。

## （3）普通教育機会確保法成立に向けた運動

フリースクールを取り巻くこのような状況を変えるべく2000年代後半から取り組まれたのが、一条校という枠組みにとどまらない多様な学びの在り方を認める法律の制定に向けた運動である。この運動には、不登校の子どもの受け入れに特化した「フリースクール」のみならず、欧米で取り組まれてきた独自の教育理念を追求する「オルタナティブ・スクール」や、外国につながりのある子どもが通う「インターナショナル・スクール」が参加し、国会議員への働きかけ（ロビイング）なども行われた。2014年7月、内閣総理大臣の下に設置された教育再生実行会議がフリースクールなど学校外の教育機会の位置づけについて検討するよう求めると、法制化に向けた動きが一気に加速した。

学校に行かない子どもやその保護者への管理・統制が強まることに対する懸念など、一部の「親の会」やフリースクールの関係者からは法制化に慎重な意見も出されたが、2016年12月に「義務教育の段階における普通教育に相当する教育の機会の確保等に関する法律」（いわゆる普通教育機会確保法）は成立した。同法では、普通教育に相当する教育を十分に受けていない者に対する支援を「民間の団体」とも「密接な連携」を図って行うことが、基本理念で求められている（第3条）。「不登校児

童生徒に対しその実態に配慮して特別に編成された教育課程に基づく教育を行う学校の整備」（第 10 条）や「夜間その他特別な時間において授業を行う学校における就学の機会の提供」（第 14 条）が掲げられたことも、注目すべきポイントといえよう。

## 3.　ガバナンス改革の進展と民間の教育コミュニティ

### （1）　公費助成の拡大

　本章では、マイノリティとされる人々をつなぎあわせてきた越境的な教育コミュニティが社会の変革にまで影響力を持つまでのプロセスを、「親の会」やフリースクールの活動に注目しながら概観してきた。これまで共通性を重視してきた日本型公教育において、子どもたちの抱える個別的なニーズに応答するべく、多様性を取り込むことによって公共性の枠を拡げようとする動きが広がっている（大桃, 2020）。第 1 章でも指摘されていたように、ガバナンス改革の進展は教育の担い手を多様化させるベクトルへと向かっていることから、民間の教育コミュニティがこれからますます存在感を高めていくことが十分に考えられる。

　実際に、これまでごく一部の自治体に限られていたフリースクールに対する公費の助成が、近年広がりを見せつつある。そのなかでも特に注目すべきは、不登校の子どもの居場所づくりを行政が民間の団体に委託するという方法だ。従来はフリースクールそのものの運営にかかわる経費の一部に対して補助を出す「事業費補助型」が主流であったが、普通教育機会確保法の成立以後に兵庫県尼崎市や東京都世田谷区で始まったのは、こうした「施設運営委託型」の取組みである。教育委員会等はこれまで不登校の子どもを対象とする公的な相談・指導施設として「教育支援センター」を設けてきたが、今後はその運営を「公設民営」の方式に切り替える事例が増えていくかもしれない。

　さらに、フリースクールそのものに公費を投入するのではなく、フリースクールの利用料を個人に対して補助する自治体も登場している。たとえば鳥取県内では、厳しい経済状況にある家庭の子が民間のフリースクールを利用する際にその費用の一部を補助する制度が広がっている。また滋賀県内では、家計の状況によって傾斜をつけてはいるものの、フリースクールを利用するすべての家庭を対象として同種の制度を設ける市町が見られる。フリースクールを利用するのに平均しておよそ月33,000円かかることを考えれば（2015年に文部科学省が行った上記調査の結果より）、生活困窮世帯の子らを中心に、一条校という枠の外にある学びの場を活用しやすくなっているといえるだろう。

## （2）ガバナンス上の課題

　ただし、民間の教育コミュニティに対する公費の助成が拡充するなかにあっては、次の2つの課題について併せて検討を加える必要もある（武井，2022）。

　第一に、フリースクールの「質」をどのように評価すべきかという課題である。フリースクールというのは、それを名乗るための明確な基準をどこかが定めているものではない。不登校の子どもの受け入れを目的としている点は同じであっても、団体ごとに運営の方針やその母体は異なる。そのため、子ども・若者を不必要に長く囲い込むことにより会費収入を得ようとする団体や、治療や矯正を口実に子ども・若者の権利を不当に侵害するような団体が出てきたとしても、残念ながら不思議ではない。また、社会にとって有用な能力を持つと見なされる子や経済力がある家庭の子だけを受け入れるフリースクールが跋扈する可能性もおそらくある。公費の助成である以上、営利のみを目的に運営されている団体や利用者の安全・安心が保障されていない団体、あるいは能力や階層

による社会の分断を煽るような団体をその対象とすることは適切でなく、フリースクールというコミュニティの「質」を見極めるための方法を検討せねばならない。

　第2に、公費で充足すべき「ニーズ」とは何なのかという課題である。先述のように、フリースクールの利用料を個人に対して補助する自治体では、家計の状況をもとに対象を限定したり金額を変動させたりするケースが見られる。これは、経済的に厳しい環境で育つ子ども・若者でも居場所が持てるようにするうえで確かに有効な方策といえるのだが、そもそも公費によって充足されるべき「ニーズ」は貧困によるものだけなのかという疑問を惹起させる。たとえば障害が理由となって一条校に通うことが困難となった子や外国につながりのある子で自身のルーツに根ざした教育を受けたいと考えた子に対しては、何の補助をしなくてもよいのか。「ギフテッド」などと呼ばれるような、特定分野で特異な才能を持つ子が一条校になじめないというケースについてはどうすればよいのか。公費が無限にあるわけでないことを考えれば「ニーズ」の種別や程度に応じた傾斜的な資源の配分が必要にはなるのかもしれないが、補助の対象となる「ニーズ」を誰が・どのように峻別し、いかなる方法でその額を決定していくのかが、今後問われることになるだろう。

**研究課題**

1．「親の会」で行われている活動の中身やその意義について、任意の団体をひとつ取り上げ、整理・考察しなさい。
2．フリースクールが運営を続けることはなぜ難しいのか、それをどの

ように乗り越えればよいのか、武井・矢野・橋本編（2022）を参考に
考察しなさい。
3．民間の教育コミュニティがその存在感を高めることのプラス面とマ
　イナス面は何か、考察しなさい。


## 参考・引用文献

大桃敏行（2020）「学校教育の供給主体の多様化と日本型公教育の変容」大桃敏行・
背戸博史編『日本型公教育の再検討——自由、保障、責任から考える』岩波書店、
pp. 15-38
奥地圭子（2019）『明るい不登校——創造性は「学校」外でひらく』NHK 出版
菊地栄治・永田佳之（2000）「オルタナティブ教育の社会学——多様性から生まれ
る公共性」『臨床心理学研究』第 38 巻第 2 号、pp. 40-63
武井哲郎・矢野良晃・橋本あかね編（2022）『不登校の子どもとフリースクール——
持続可能な居場所づくりのために』晃洋書房
武井哲郎（2022）「コロナ禍における不登校とフリースクール——官／民および教
育／福祉の境界がゆらぐなかで」『日本教育行政学会年報』第 48 号、pp. 196-200
橋田慈子（2018）「知的障害児をめぐる不就学問題の解決主体の形成過程に関する
研究——手をつなぐ育成会・親の会参加者を事例に」『社会教育学研究』第 54 巻、
pp. 35-45
フリースクール全国ネットワーク（2004）『フリースクール白書——日本のフリー
スクールの現状と未来への提言』CD-ROM 版
三島一郎（1998）「セルフヘルプ・グループの機能と役割」久保紘章・石川到覚編
著『セルフヘルプ・グループの理論と展開——わが国の実践をふまえて』中央法規、
pp. 39-56

# 15 | コミュニティと教育の今後を どう展望するか

仲田康一・大木真徳

《目標＆ポイント》 本章では、本書で述べてきたことを確認したうえで、情報通信技術の進展をめぐる論点、地域社会の形成と主体形成に関する論点、公共部門の再編とコミュニティに関する論点について、その全体像を理解する。

《キーワード》 情報通信技術（ICT）、形成概念・目標概念としてのコミュニティ、参加、主体形成、公共部門の再編

## 1. コミュニティの多様性・多中心性

　最終章にあたる本章では、まず、コミュニティの多様性・多中心性を確認したうえで、様々なコミュニティの広がりを踏まえつつ、そのなかでの本書の位置づけを理解できるようにするため、本書が述べてきたことと、述べられていないこととを整理する。次にこれまでの章で十分に触れられなかった事柄のうち、情報通信技術の進展とコミュニティとの関連については、今後重要な論点となっていくと考えられるため、第2節で考察を加える。これに加え、コミュニティを捉える視座として、地域社会の形成と主体形成に関する論点を第3節で、公共部門の再編とコミュニティに関する論点を第4節で、それぞれ扱うこととする。

　さて、本書においては、学校教育や社会教育における地域社会の位置づけを様々な角度から論じてきた。地域社会に照準したのは、学校教

育政策・社会教育政策・コミュニティ政策のいずれにあっても、主として地域社会とコミュニティとがほぼ同じものと想定されていたことからである。第3〜8章で主に扱った学校教育領域でいえば、ボランティア活動とコーディネーター、教育課程改革、学校運営改革など、様々な局面で地域社会との連携を強めようとする動きが見られたことを確認した。また、第8〜11章では、主に地域社会で営まれる社会教育領域の政策と実践として、団体、施設、支援者に着目した。さらに地域社会における教育と文化、教育と福祉という連携の問題についても触れた（第12・13章）。以上のように、地域社会を舞台としながら、学校や社会教育施設などの公的機関を基盤に、児童・生徒、地域住民、保護者らが様々にコミュニティ形成を行っている様相を描いてきた。

　このように、ローカル・コミュニティへの論及が多かった本書だが、第1章で述べたように、ローカル・コミュニティ、テーマ・コミュニティは、それぞれ排他的でもなく、階層的でもなく、多様かつ多中心的に併存し、様々な組み合わせを取る。地域社会に内包される形で、より小さなローカル／テーマ・コミュニティが形成される場合もあるし、さらには、そうしたコミュニティが、行政単位に局限されるというよりは、外につながり、広がる可能性もある。行政・地域という単位を超え、より広い圏域でつながるコミュニティの存在の例が、第14章で描いた親の会や、フリースクールなどの運動であった。

　他方、以下のようなものについては、十分に展開できていないことも事実として認めなければならないだろう。たとえば、地域社会を取ってみても、安全活動・食育・多文化共生・子どもの遊びや集団形成といった観点でコミュニティ形成を論じることができるだろう。対面集合形式を前提とするコミュニティだけでなく、オンライン・コミュニティの存在感もまた高まっている。この他、学校内のコミュニティ（児童生徒学

生のサークル、教師の団体）、幼児期の教育に関するコミュニティ（子育てに関するサークル等）、企業内教育におけるコミュニティ活動などは重要であり続けるし、ビジネス、政治、宗教などにおけるコミュニティも、直接は教育と関連しないが、人間形成と無関係ではない。

　いずれにせよ強調すべきことは、コミュニティは多様であり多中心的であるし、そうであってよいということである。社会が多様になるなかで、コミュニティのなかに多様性を確保することとともに、様々なコミュニティが存在することもまた重要になるからである。

（仲田康一）

## 2. 情報通信技術（ICT）の進展とコミュニティ

　多様で多中心的なコミュニティの今後を考えるうえで避けて通れないのが、情報通信技術の進展をめぐる論点である。

　近年の情報通信技術（ICT）の進展はめざましく、スマートフォン・タブレット・PC などの端末の高性能化が進むとともに、通信回線の大容量化も実現してきている。ICT は人々の日常のなかに入り込み、その活用が以前にも増して一般化していることは周知の通りである。

　コミュニティ形成の取組みにおいても、本書で前章までに扱ってきた様々な実践現場の取組みにおいても、その活動の幅を広げたり、円滑にしたりするために ICT が用いられている。特に、新型コロナウィルス感染症によって対面接触を行いにくい状況が発生したことを契機として、社会のデジタル化が加速したことで、この傾向は強まっている。

　すでに存在している対面の実践に、ICT を組み合わせる例は、様々に考えられる。

　たとえば公民館では、新型コロナウィルス感染症の拡大当初、オンラインで講座を受講したり、交流を行ったりする「オンライン公民館」と

いう取組みが生み出された。図書館や博物館にあっても、デジタル・アーカイブなどによる収集・保存・研究の取組みに加え、収蔵資料のライブ配信・オンライン公開など、新たな発信方法を模索する動きが広がっている（これらについては田開，2022 を参照）。

　また学校教育においても、遠隔教育（オンデマンド型での授業動画の配信、同時双方向型のビデオ会議システムの利用）を取り入れることや、情報等の収集・共有の効率化を進めることで、学習・教育方法の複数化が図られている。タブレットや PC の利用は、「GIGA スクール構想」（児童・生徒ひとりに 1 台のコンピューターと高速ネットワークを整備する文部科学省の取組み）以降、すでに全国の学校で当たり前となっている。総合的な学習の時間においても、オンラインで地域住民や遠方の人たちに話を聞くことなどがなされている。遠方というときには、海外が含まれることもある。このように距離や時間を越えた交流を可能にすることも決して珍しくはない。

　これらにおける ICT の利用は、基本的には対面・集合形式のコミュニケーションを前提とし、その活動・交流を活発化させる「付加型」の利用や、感染症や非常変災によって対面接触が不可能になったときの「機能代替」としての利用であった。

　これに対し、ICT によるオンラインでのコミュニケーションを前提としたコミュニティ形成も、展開している。たとえば、自身のアバター（ネット上の分身）を活動させる「メタバース」（インターネット上の仮想空間）の広がりなどがそれである。ローカル・コミュニティではないが、他方、他の人と同じ空間を共有している感覚を通じた「居場所感」「所属感」を持たせようとする工夫もなされている。

　ICT の進展とコミュニティ形成の関係をめぐる論点には、様々なものがあるが、以下の 3 点について触れておこう。

　第 1 に、関係性の問題である。リアルな対人コミュニケーションによってこそ、他者との関係が深まるという実感は多くの人が持つことだろう。他方、オンラインである方が、より発言しやすい、自己を開示しやすいといった感覚を持つ人もいるだろう。

　これに関連するのが第 2 の点である身体性の問題である。対面の場合は、言語コミュニケーションに加え、身体を介した非言語的コミュニケーションが機能することで交流が深まるとされ、一緒に見る、聞く、食べる、共同で作業をする、といった身体的な共感や、同じ経験の共有などが、関係を密にしたり信頼関係を構築したりするうえで有用であると考えられている。他方、そうした非言語的な要素が過剰と感じられる場合などでは、身体性を排することでコミュニケーションが容易になるケースもあり、そうした場合はオンラインでの交流が有用かもしれない。他者と共有する空間から身体が隔絶されることによって、安全や安心が感じられるという意見（佐藤，2022）にも、一定の理があるだろう。

　また、第 3 に格差の点でも重要な論点を含んでいる。一方では、情報通信技術の恩恵を受ける人と受けられない人の格差を意味する「デジタル・ディバイド」といった言葉があるように、ICT の利活用における経済的な格差や、技術的な格差がありうる。これらをどのように埋めていくのかは、コミュニティへのアクセスの公平化という点でも重要だろう。これに対して、デジタル通信技術によって、格差縮小への政策的選択肢が増える可能性もある。たとえば地方と都市の間の情報格差を埋めること、何らかの障がいがある人にとっての情報保障や社会参加の選択肢を増やすこと、などである。

　このように、置かれた状況や、解決したい問題によって、ICT 活用のメリット・デメリットの比重は異なるのであり、どちらがより優れているかを絶対的なこととして論じることはできない。言い換えれば、対面

集合形式と ICT 利用・オンライン交流を排他的に捉える必要はないということが改めて確認される。

これに関連して、ICT やオンラインを活用することで学校など、リアル（実際）の機関が不要になるという議論についても触れておく。たとえば、2001 年に OECD が出した『未来の学校はいかなるものか：明日の学校教育』という文書（OECD, 2001）では、約 20 年後 ≒ 2020 年頃の学校の未来像について 6 つのシナリオを示していたが、そのなかでは新たに生成してきた「ネットワーク社会」を受けた学校の脱制度化が示唆されていた。

これに対し、英国の教育学者である M・フィールディングと P・モスは、学校というものについて、「子どもであれ親であれ、ほぼすべての人が人生の一部において持続的に所属する唯一の公的機関」であり「ますます断片化する世界において、若者から年配者まで、市民が出会い、交流し、関係を築くための貴重な場」と述べる（Fielding and Moss, 2011：89）。もちろん、対面集合形式の学校制度による人々の抑圧については警戒を解くべきではないが、社会の多様性が増し、時に分断や断片化が危ぶまれる時代だからこそ、そこに人々が集い、共同の経験を積むための物理的な場が社会に配置されることの意味は一層高まっていく。

もちろん、リアルで身体を伴う活動を基本としつつも、人々はその枠組みを超えてつながりあう。ローカル・コミュニティとテーマ・コミュニティに、オンラインが掛け合わされることで、コミュニティの範域もますます複雑化し、多中心化をしながら広がるといった動的な状態が生まれると考えられる。

（仲田康一）

# 3. 作り上げられるものとしてのコミュニティ

## （1）形成概念・目標概念としてのコミュニティ

　コミュニティを実態として捉えるのか、もしくは、理念として捉える
のかという点は、コミュニティをめぐる旧来からの論点である。実態と
して捉える場合、それは地域社会とほぼ同義で用いられてきた。つまり、
それがどのような状態であっても、事実として人々が生活をおくる地域
空間は存在するのであり、その実態をコミュニティとするということで
ある。他方、理念として捉える場合、そこでは構成員の共同性や連帯性
の在り様に関心が置かれ、規範的概念としての意味が付与されることに
なる。この場合、コミュニティとは必ずしも所与のものではなく、これ
から作り上げていくことが目指されるものとして形成概念や目標概念と
しても理解される。

　伝統的な農村的集落のように、住民同士の日常生活における共同作業
が前提として求められ、かつ、住民構成が同質的・固定的であるような
場合、そもそも「理念としてのコミュニティ」という問題意識は生じえ
ないが、都市化の進行した地域社会では、人間関係の希薄化や個人の生
活圏の拡大などを背景に、「実態としてのコミュニティ」と「理念とし
てのコミュニティ」の乖離が問題として認識されるようになる。

　高度経済成長後の地域社会の在り方が社会的関心となるなかで、1960
年代末以降に自治省が主体となって展開されたコミュニティ政策は、ま
さにそうした文脈で登場した。都市社会学者の立場からコミュニティ政
策の推進に対して積極的なかかわりを持った人物に倉沢進がいるが、倉
沢がコミュニティあるいはコミュニティ形成を「社会目標」と規定し、
地域社会における共通・共同問題の新たな処理システムの創出、すなわ
ち地域社会における新たな生活様式の創出をその内実として提起したこ

と（倉沢，1998）は、第12章第4節でも言及したところである。

　現在でも、政策用語として「地域コミュニティ」などの言葉が使われる場合、そこには作り上げられるべき目標としての意味合いが前提として含まれていることになろう。むしろ、人口減少社会といわれるような状況での地方の過疎化や少子化の一層の進展はコミュニティという概念に寄せられる形成概念・目標概念としての期待をさらに高めているようにも見える。また、前節での指摘にあるように、ICTの発達などを背景に、今後、地域性を伴わないコミュニティの存在感がさらに増していけば、その形成されていくものとしての可能性がますます強調されていくことにもなろう。

## （2）地域社会の維持方策としてのコミュニティ形成

　形成概念・目標概念としてのコミュニティへの期待は、地域社会の継続性や持続性をめぐる問題状況の深刻化の裏返しともいえる。いわば地域社会を維持するための方策としてのコミュニティ形成ということでもあろう。

　限界集落や消滅可能性都市といった造語の登場に見るように、特に過疎地域や中山間地域での地域社会の維持が危機的な状況にあることが広く認識されるようになって久しい。そこでの根本的な課題は地域活動の担い手の減少であり、その確保や育成が喫緊の課題であることが多くの自治体で共有されている。この点において、教育のはたす役割が改めて問われていることについては、第12章で地域文化の継承という観点から考察した。

　この間、教育分野では具体的な政策・施策を伴いながら学校・地域社会・家庭の連携・協働の促進が図られてきたことは、この本を通して繰り返し確認されてきた。一方で、学校や社会教育施設といった教育機関

にとって、地域社会がその連携・協働の相手として確固たる存在として
あり続けることを期待するのが難しい現状があるのかもしれない。

　そもそも地域社会とは流動的なものである。その基礎的な枠組みのひ
とつである行政区分を見ても合併等による変動が繰り返し生じてきた
し、交通手段の発達などによる住民の生活圏の拡大に合わせて地域社会
の範域の捉え方も変化してきたことは自明である。地域社会を不変なも
のとして考えること自体に無理があるという前提に立って、教育を含め
た地域活動に主体的に関与できる人々を作り出していくということが今
後一層求められてくる。その営みこそが、コミュニティの形成であると
もいえる。

　地域活動の担い手の確保という目的のために、都市から地方への移
住・交流の促進を目指した施策が積極的に展開されている。たとえば、
総務省により 2009 年度から制度化された地域おこし協力隊事業などは
その代表的なものであるし、自治体による独自の移住支援の取組みも盛
んとなっている。そのなかで、もとからの住民と移住者との関係の構築
が新たな地域課題として浮上している状況もある。

　しかしながら、新旧住民の連帯意識の欠如や相互不信については、高
度経済成長期以降には、急激な都市化の進展とともにすでに社会的な課
題として顕在化していたものであり、1960 年代末からのコミュニティ
政策の背景にそうした状況があったことは先にも述べた通りである。

　コミュニティの形成について考えるとき、その必要が意識される時代
状況や背景が異なったとしても、その主体的な担い手をいかにして作り
上げていけるのかが普遍的な課題となるのであり、そこにおいて教育の
役割が問われるのである。

## （3）コミュニティへの参加と主体形成

　近年、住民の町会・自治会への加入を促進するための条例を制定する自治体が登場してきている事実[1]に見るように、住民の地域参加を制度として促進する動きが一段と広がっている感がある。ただし、そうした制度的な強化が、本質的な住民意識の変化につながるのかについては冷静な検討が必要のようにも思われる。

　この点については、地域社会における教育活動への住民参加を目的とした取組みにも当てはまろう。教育における参加の持つ意味も、この本のなかで繰り返し検討されてきた論点であり、学校教育・社会教育の両領域における住民参加を促進する具体的な施策や制度にも随所で注目してきた。

　住民参加の方法が制度的に整備・確保されていることの合理性はもちろん否定できるものではないが、その強化が進めば進むほど住民の主体性が後退するということにもなりなかねない。たとえば、昨今、学校教育・社会教育のいずれにおいても、住民のボランティアとしての参加や協力が各種施策の前提として位置づけられていることが多いが、予定調和的に設定されているボランティアの参加が、本当の意味での自発性に基礎づけられたものであるのかが問われるのであろう。

　制度を活用しながらも、その過程で住民の主体性が助長されるような働きかけが必要とされるのである。参加の場面や手段を何から何まで「お膳立て」するのではなく、住民自身の自主性や自律性を尊重しつつ参加への支援をするということが求められようが、それは容易なことではない。そうしたことを可能にするものが、コミュニティ形成に資する教育の専門性といえるのかもしれない。

　住民の主体形成というテーマもコミュニティをめぐる典型的な論点の

---

1　町会・自治会への加入促進条例の先駆けは、2002年に制定された高森町町民参加条例であるとされる。また、その後、東日本大震災の発生を契機に地域コミュニティの形成・維持の重要性が再評価されたことを受け、加入促進条例を制定する自治体が相次いだという（釼持，2016：139）。

ひとつとして位置づいてきたものであり、そこではコミュニティ意識といわれるような住民の地域社会への主体的な参加者としての意識が注目されてきた[2]。前節で取り上げられているオンラインのコミュニティのような可能性も視野に入れれば、今後、コミュニティへの参加の形態が一層多様化していくことが予想される。そのなかで、コミュニティへ参加する主体としての意識の重要性がこれまで以上に増していくと考えられるのである。

（大木真徳）

## 4. 公共部門の再編とコミュニティをめぐる論点

　本書で描いてきたように、今や「コミュニティ」は、政策のキーワードとして一定の位置を占め、公的機関の運営において無視できないものになっている。教育政策においても同様で、学校や社会教育施設などの公的機関がコミュニティ形成の核となるとともに、そうして形成されたコミュニティの活力を公的機関の運営に生かすという形で、相乗効果が期待されている。

　このように、公共部門との関連でコミュニティ形成が進む現状を確認したうえで、そこにどのような課題があるのかを、学校を例にとって論じたい。

　教育経営学者の大野裕己は、「2000年代半ば以降の教育行政環境」を、「資源面の学校裁量拡大の停滞状況における教育の水準保障の文脈追加等」と表現している（大野，2019：41）。「資源面の学校裁量拡大の停滞状況」は、端的にいえば、学校への一定の権限委譲はあったものの、ヒト・モノ・カネ・時間といった資源面の不足状況が続いているというこ

---

2　いまでは古典的といってもよいかもしれないものだが、たとえば、奥田道大による地域社会意識の分析枠組では、「特殊的（個別的）―普遍的」価値意識と「主体的―客体的」行動体系という2つの軸を設定し、普遍的価値意識と主体的行動体系を備えた住民からなる地域社会をコミュニティ・モデルとして類型している（奥田，1971）。

とである。教師の多忙化が典型的であるが、業務に対するリソースが不足し、過密な組織運営が続いている。

　他方、学校への要請は亢進している。たとえば、政府は2008年度から「教育振興基本計画」を作成しているが、第4期（2023年から2027年）の計画には、16の目標と、数十の指標が設定されている。地方自治体も国の計画を「参酌」して教育施策を展開する努力義務がある（教育基本法第17条）ため、中央政府が立てた様々な目標は、地方自治体の目標となり、ひいては学校の目標になっていく。たとえそれが政府の計画であっても、実現するのは現場だからである。かくして、教育課程の充実、いじめの防止、生徒指導の向上、感染症予防、防災、ICT化の推進等々という形で、「教育の水準保障の文脈追加」が進展している。以上のような「教育行政環境」の下、学校は、不動の地位に置かれた上位目標を、限られた資源（時間・ヒト・モノ）などのなかで実現することが求められ、その達成度が問われているのである。

　こうした実態は、学校を中心に形成されるコミュニティにとって、どのような課題を投げかけるだろうか。

　第1に、当初計画の過剰な重視にどう向き合うかという課題がある。たとえば、多数の上位目標を、限られた資源のなかで達成しようとするとき、「予定外」「計画外」の出来事への許容性は失われがちになるだろう。予定外・計画外の事態をカバーする資源的余裕がないため、何より当初計画の貫徹が重視されがちになるからである。しかしながら、地域社会での活動は、「無意図的、偶発的な生活体験の場と機会」（夏秋,2018：25）であることに醍醐味がある。「計画を立てなければ何もスタートできない」「計画外のことはできない」といった姿勢は創発性を潰すことになりかねない。また、個々の活動が計画とずれたり、計画にない活動が生み出されたりしても、むしろそのことの意義を前向きに捉え

るおおらかさが求められる。こうした「計画外」（計画にない・計画の
ない）の価値を積極的に捉え、その価値を言語化する努力が意識的にな
される必要があろう。そして、自らの論理を優先し閉鎖的な循環を繰り
返しているとされる学校組織に「ゆらぎ」をコミュニティ活動が与えて
いくことが肝要になるだろう（岩永, 2000：244-5）。
　第 2 に、ボトムアップのアクションをいかに展望するかという課題も
ある。
　資源不足を慢性化させた学校において、地域社会の連携は、たしかに
一定の助けになろう。ひとつの例であるが、新型コロナウィルス感染症
のなかで、感染症予防のための新たな負担が課せられた学校で、校内の
消毒や、給食指導にボランティアがあたった例などはしばしば耳にする
ところである。しかし、この「美談」は、感染予防という重要な事項が、
なぜ教員やボランティア任せであったのかという行政責任問題を逆照射
する。「『連携』の名のもとに進められる保護者や住民のボランタリーな
活動は、財政効率化というロジックのもとにおいて、学校の下請けへと
転化し、安価な労働力として用いられる可能性を孕む」（武井, 2010：
18）との指摘もある。行政側にもボランティア側にもそのような意図は
ないということもあろうが、「ボランティアに任せて済んだ」という前
例として、未来の関係者の要求を圧迫することもありうる。学校運営や、
地域社会等でのコミュニティ形成にかかる条件整備に対して行政責任が
適切にはたされるよう、場合によっては教育委員会等に資源や裁量を要
求することが求められる。コミュニティにおける相互扶助とは異なり、
社会における市民の相互尊重は、再分配という制度的な連帯という形を
取る。そして、そうした再分配を指示する連帯がなければ、形成される
コミュニティも持続可能なものにはならない。コミュニティ活動におけ
る他者との協働の経験が、より広範な政治的生活への関心と関与を動機

づけるとともに（斎藤，2013）、公的部門との相互作用が活発になることを通じて、地域から民主主義の土壌が耕されていく、という展望を持ちたい。

（仲田康一）

## 研究課題

1．情報通信技術の進展がコミュニティ形成にもたらしうるプラス面とマイナス面について考察しなさい。
2．この本の全体を振り返りながら、コミュニティへの参加において教育がはたす役割を、行政やNPOなどの具体的な取組みに注目しながら検討しなさい。
3．この本の全体を振り返りながら、公共部門によって行われるコミュニティ形成の意義と課題を考察しなさい。

## 参考・引用文献

岩永定（2000）「父母・住民の経営参加と学校の自律性」日本教育経営学会編『自律的学校経営と教育経営』玉川大学出版部、pp. 240-260
大野裕己（2019）「教育課程経営論からカリキュラムマネジメント論への展開の特質と論点」『日本教育経営学会紀要』61巻、pp. 34-46
奥田道大（1971）「コミュニティ形成の論理と住民意識」磯村英一・鵜飼信成・川野重任編『都市形成の論理と住民』東京大学出版会、pp. 135-177

倉沢進（1998）『コミュニティ論』放送大学教育振興会

釼持麻衣（2016）「自治会加入促進条例の法的考察」『都市とガバナンス』26 巻、pp. 136-147

斎藤純一（2013）「コミュニティ再生の両義性」伊豫谷登士翁ら編著『コミュニティを再考する』平凡社　pp. 15-46

佐藤智子（2022）「社会教育における仮想空間のインパクト」牧野篤編著『社会教育新論』ミネルヴァ書房、pp. 87-102

武井哲郎（2010）「親や住民は学校との関係をどう取り結ぶか？－学校支援ボランティアを事例として」東京大学大学院教育学研究科教育行政学研究室編『教育行政学論叢』29 号、2010 年、pp. 17-24

田開寛太郎（2022）「社会教育に求められる DX 時代の人づくりと学び」降旗信一ら編著『DX 時代の人づくりと学び』人言洞、pp. 77-91

夏秋英房（2018）「教育・学習環境としての地域コミュニティ」『地域コミュニティと教育』放送大学教育振興会、pp. 13-28

Fielding, M. & Moss, P.（2011）*Radical Education and the Common School: A Democratic Alternative*, Routledge

OECD（2001）*What Schools for the Future?: Schooling for Tomorrow*, OECD Publishing, Paris

# 索引

●配列は五十音順。*は人名を示す。

# 分担執筆者紹介

柏木　智子（かしわぎ・ともこ）

・執筆章→6・8・13

大阪大学大学院人間科学研究科博士後期課程修了
博士（人間科学、大阪大学）

現在　　立命館大学産業社会学部教授

専攻　　教育経営学

研究テーマ

公正な民主主義社会の形成のためのケアする学校・地域づくり

主な著書　『子どもの貧困と「ケアする学校」づくり—カリキュラム・学習環境・地域との連携から考える』（明石書店、2020 年）
『子どもの思考を深める ICT 活用—公立義務教育学校のネクストステージ』（晃洋書房、2023 年）
『「探究学習」とはいうけれど—学びの「今」に向き合う』（晃洋書房、2023 年）
『貧困・外国人世帯の子どもへの包括的支援—地域・学校・行政の挑戦』（晃洋書房、2020 年）

**武井　哲郎**(たけい・てつろう)
・執筆章→ 14

1984 年　東京都に生まれる
2012 年　東京大学大学院教育学研究科博士課程単位取得満期退学
　　　　　博士（教育学、東京大学）
現在　　立命館大学経済学部准教授
主な著書　『「開かれた学校」の功罪―ボランティアの参入と子どもの
　　　　　排除／包摂』（明石書店、単著）
　　　　　『不登校の子どもとフリースクール―持続可能な居場所づ
　　　　　くりのために』（晃洋書房、共編著）

# 編著者紹介

## 仲田　康一（なかた・こういち）
　・執筆章→1・3・4・5・6・7・15

1982年　群馬県に生まれる
2014年　東京大学大学院教育学研究科博士課程修了
現在　　法政大学キャリアデザイン学部准教授
専攻　　教育行政学、教育政策研究、教育経営論
主な著書　『コミュニティ・スクールのポリティクス』（勁草書房）
　　　　　『子どもの貧困・不利・困難を超える学校』（共編著、学事
　　　　　出版）
　　　　　『コミュニティ・スクールの全貌』（分担著、風間書房）
　　　　　『教えることの再発見』（分担訳、ガート・ビースタ著、東
　　　　　京大学出版会）
　　　　　『学力工場の社会学』（監訳、クリスティ・クルツ著、明石
　　　　　書店）
　　　　　『教育にこだわるということ』（分担訳、ガート・ビースタ
　　　　　著、東京大学出版会）
　　　　　『地域教育経営論』（分担著、大学教育出版）

## 大木　真徳（おおき　まさのり）
・執筆章→ 2・9・10・11・12・15

| | |
|---|---|
| 1981 年 | アメリカ・テキサス州に生まれる |
| 2004 年 | 東京大学文学部（考古学）卒業 |
| 2014 年 | レスター大学大学院博物館学研究科博士課程修了［Ph.D. (Museum Studies)］ |
| 2015 年 | 東京大学大学院教育学研究科（生涯学習論・社会教育学）博士課程中退<br>日本学術振興会特別研究員（PD）［2017 年～ 2020 年］ |
| 現在 | 青山学院大学コミュニティ人間科学部准教授 |
| 専攻 | 博物館学・社会教育学 |
| 主な著書 | 『社会教育の施設論』（共編著、学文社、2015 年）<br>『生涯学習支援の基礎』（共編著、学文社、2022 年）<br>『生涯学習概論』（共著、樹村房、2014 年）<br>『社会教育の基礎―転形期の社会教育を考える―』（共著、学文社、2015 年）<br>『社会教育の公共性論』（共著、学文社、2016 年）<br>『よくわかる生涯学習［改訂版］』（共著、ミネルヴァ書房、2016 年） |

放送大学教材　1529765-1-2411（テレビ）

# コミュニティと教育

発　行　　2024 年 3 月 20 日　第 1 刷

編著者　　仲田康一・大木真徳

発行所　　一般財団法人　放送大学教育振興会
　　　　　〒105-0001　東京都港区虎ノ門 1-14-1　郵政福祉琴平ビル
　　　　　電話 03（3502）2750

Printed in Japan　ISBN978-4-595-32443-7　C1337